Vegetarisch

Frische Ideen für Genießer

Foodfotos:

Umschlagmotive:

Vorderseite: Foodfoto: Matthias Haupt, Styling: Isabel de la Fuente

Rückseite (von oben nach unten): Foodfotos: Matthias Haupt, Styling: Meike Graf, Isabel de la Fuente

Innenteil : Matthias Haupt, Maike Jessen, Ali Salehi Yavani, Maryam Schindler

Rezepte:

Anne Haupt, Marion Heidegger, Hege Marie Köster, Sophie Leyendecker, Anne Lucas, Kay-Henner Menge

Styling:

Isabel de la Fuente, Meike Graf, Dörthe Schenk, Meike Stüber, Michaela Suchy

essen&trinken
FürjedenTag
Schnell! Einfach! Lecker!

Vegetarisch

Frische Ideen für Genießer

Liebe Leserinnen und Leser,

Fans der vegetarischen Küche aufgepasst! In dieser Rezeptsammlung des Magazins ESSEN & TRINKEN FÜR JEDEN TAG haben wir für Sie über 210 köstliche vegetarische und vegane Rezepte aus der Vielfalt des beliebten Koch-Magazins zusammengestellt. Hier entdecken Sie garantiert neue Ideen für frische Salate, sättigende Suppen und Eintöpfe und abwechslungsreiche Hauptgerichte. Da wird frisches Gemüse zum Star und kann zeigen wie bunt und schmackhaft vegetarisch genießen sein kann. Fleisch und Fisch werden bei diesen Gerichten garantiert nicht vermisst. Und den süßen Abschluss bilden feine Desserts, bei denen garantiert jeder schwach wird.

Wie aus dem ESSEN & TRINKEN FÜR JEDEN TAG-Magazin bekannt und geschätzt, sind alle hier vorgestellten Rezepte erprobt, sorgfältig für diese Sammlung ausgewählt und jeweils mit einem brillanten Farbfoto bebildert. So können Sie sicher sein, dass alles garantiert gelingt. Wir wünschen Ihnen grünen Genuss und viel Spaß beim Entdecken und Nachkochen mit diesem Band!

Ihr Team von ESSEN & TRINKEN FÜR JEDEN TAG

INHALT

Salate

Suppen

Gutes aus Topf und Pfanne

Aus dem Ofen

Duftender Genuss ohne großen Aufwand! Freuen Sie sich u. a. auf:

Desserts

Sahnig, fruchtig, schokoladig oder knusprig – unsere Desserts sind süßes Glück, wie z. B.:

SALATE

Knackig frisch, mit viel Gemüse, mit Linsen, Nudeln oder Kartoffeln – Salate sind so bunt und vielfältig und gehören einfach auf jeden Tisch!

DER SOMMER KANN KOMMEN
Ein mediterraner Gemüsesalat als Beilage zum Grillen oder als leckere Hauptmahlzeit

→ Rezept auf Seite 39

Knallbunter Sommerhit: Curry-Ofen-Gemüse plus Kichererbsen und Tomaten

Blumenkohlsalat

FÜR 4 Portionen • **ZUBEREITUNGSZEIT** 40 Minuten plus Zeit zum Durchziehen

1 Ofen auf 200 Grad (Umluft 180 Grad) vorheizen. **1 kleinen Blumenkohl** (ca. 1 kg) putzen und in kleine Röschen teilen. **300 g schlanke Möhren** schälen und in schräge Stücke schneiden. **1 rote Zwiebel** in dünne Spalten schneiden. **3 El Öl**, **½ Tl Currypulver**, etwas **Salz** und **Pfeffer** verrühren, mit Blumenkohl, Möhren und Zwiebeln mischen. Auf ein Blech mit Backpapier geben. Im heißen Ofen auf der mittleren Schiene 15–20 Min. rösten. 2 **150 g Kirschtomaten** halbieren. **1 Dose Kichererbsen** (425 g Füllmenge) abgießen, abspülen und abtropfen lassen. Blätter von **4 Minzstielen** fein hacken, mit **3 El Weißweinessig**, 3 El Wasser, etwas **Salz**, **Pfeffer**, **Zucker**, **¼ Tl Chiliflocken** und **5 El Olivenöl** verrühren. Mit der heißen Blumenkohlmischung und Kichererbsen mischen. 20 Min. durchziehen lassen. Blätter von **3 Stielen Minze** grob hacken, mit den Tomaten untermischen, evtl. nachwürzen.

PRO PORTION 9 g E, 22 g F, 21 g KH = 344 kcal (1446 kJ)

Grüner Spargel mit Dip

FÜR 4 Portionen • **ZUBEREITUNGSZEIT** 30 Minuten plus Marinierzeit

1 **1 Schalotte** fein würfeln. Von **750 g grünem Spargel** die Enden abschneiden. Das untere Spargeldrittel schälen. Spargelstangen längs und quer halbieren. In reichlich kochendem Salzwasser 4 Min. garen. 100 ml vom Kochwasser abnehmen. Spargel abgießen, abschrecken und abtropfen lassen. 2 Kochwasser mit **4 El Weißweinessig**, **1½ El Honig**, **Salz** und **Pfeffer** kräftig abschmecken. Spargel und Schalotten untermischen. 30 Min. marinieren. 3 **150 g Ziegenfrischkäse** (ersatzweise Kräuterfrischkäse oder Meerrettichfrischkäse) mit **3 El Schlagsahne** glatt rühren.
4 **2 Scheiben Graubrot** im Toaster oder in einer heißen Pfanne goldbraun rösten. Mit insgesamt **2 Tl weicher Butter** bestreichen und leicht salzen, anschließend klein würfeln. **4 El Öl** unter den Spargel mischen. Mit Croûtons und Frischkäsecreme servieren.

PRO PORTION 7 g E, 20 g F, 15 g KH = 284 kcal (1190 kJ)

SPITZEN-STARTER!

Frischer Gruß von der Stange: mit Ziegenfrischkäse und knusprigen Croûtons. Lecker!

Möhrenraspel, Zwiebeln und geröstete Haselnüsse sorgen für Biss und Aroma. Herrlich!

Feldsalat mit Senf-Vinaigrette

FÜR 2 Portionen
ZUBEREITUNGSZEIT 20 Minuten

- **40 g gehackte Haselnusskerne**
- **200 g Feldsalat**
- **1 Möhre (ca. 150 g)**
- **1 rote Zwiebel**
- **3 El Rotweinessig**
- **3 El Gemüsebrühe**
- **1 Tl Honig**
- **1 Tl mittelscharfer Senf**
- **Salz**
- **Pfeffer**
- **5 El Rapsöl**

1 Haselnusskerne in einer Pfanne ohne Fett anrösten, auf einen Teller geben und abkühlen lassen. Feldsalat putzen, gründlich waschen und vorsichtig trocken schleudern. Möhre putzen und in feine Stifte hobeln oder schneiden.

2 Zwiebel fein würfeln. Rotweinessig, Brühe, Honig, Senf, etwas Salz, Pfeffer und Öl gut verrühren. Zwiebeln untermischen. Feldsalat, Möhren und Sauce vorsichtig mischen, auf Tellern anrichten, mit Nüssen bestreut servieren.

PRO PORTION 6 g E, 38 g F, 10 g KH = 408 kcal (1707 kJ)

Was ihn so besonders macht? Kapern und Zucchini. Wetten, dass der weg geht wie nix?

Grüner Kartoffelsalat

FÜR 6 Portionen • **ZUBEREITUNGSZEIT** 40 Minuten plus Zeit zum Durchziehen

1 **1 kg kleine neue Kartoffeln** (Drillinge) schrubben und in kochendem Salzwasser als Pellkartoffeln garen. **2** **1 Bund glatte Petersilie** abzupfen und grob hacken (bis auf 2 El), mit **40 g Kapern**, **2 Knoblauchzehen**, **6 El Olivenöl**, etwas **Salz**, **Pfeffer** und **2 Tl Weißweinessig** im Blitzhacker fein pürieren. **3** **1 Zucchini** (ca. 250 g) längs halbieren und in schräge Stücke schneiden. In **2 El heißem Olivenöl** anbraten, mit **Salz** und **Pfeffer** würzen. **100 ml Gemüsebrühe** zugießen, 2 Min. garen, dann abgießen, die Brühe auffangen. Brühe in einer großen Schüssel unter die Kräutersauce rühren. **4** Kartoffeln abgießen, noch heiß halbieren, sofort mit den Zucchini unter die Kräutersauce mischen. Evtl. nachwürzen, 1 Std. durchziehen lassen, dann mit restlicher Petersilie bestreut servieren.

PRO PORTION 3 g E, 13 g F, 22 g KH = 230 kcal (970 kJ)

Bohnen-Brot-Salat

FÜR 2 Portionen
ZUBEREITUNGSZEIT 25 Minuten
PLUS MARINIERZEIT

1 **150 g grüne Bohnen** (TK) in kochendem Salzwasser 10–15 Min. garen, abschrecken und abtropfen lassen. 2 **6 dünne Ciabatta-Scheiben** (à 10 g) unter dem heißen Backofengrill auf der 2. Schiene von oben 1–2 Min. rösten. Scheiben halbieren, mit **2 Tl Olivenöl** beträufeln. **200 g Tomaten** putzen und in Scheiben schneiden. **1 kleine rote Zwiebel** in feine Ringe schneiden. **100 g weiße Bohnenkerne** (Dose) abspülen und abtropfen lassen. 3 **1 Knoblauchzehe** durchpressen, mit **100 ml Tomatensaft**, etwas Salz, Pfeffer, **2 El Rotweinessig**, 1 Prise Zucker und **2 Tl Olivenöl** verrühren. 4 Brot, Tomaten, grüne und weiße Bohnen und Zwiebeln auf eine Platte schichten. Mit der Sauce beträufeln. 10 Min. durchziehen lassen. **80 g Schafskäse light** (9 % Fett) grob zerbröckeln, **4 Stiele Petersilie** abzupfen und grob zerzupfen. Salat mit Schafskäse und Petersilie bestreut servieren.

PRO PORTION 20 g E, 11 g F, 35 g KH = 329 kcal (1380 kJ)

Mediterraner Mix mit knusprigem Ciabatta, Tomaten und Schafskäse

Hübsch ist er. Und mit Senf-Joghurt-Mayo und Ei ein toller Sattmacher

Kartoffelsalat mit grünem Spargel

FÜR 2 Portionen • **ZUBEREITUNGSZEIT** 40 Minuten • **PLUS ABKÜHLZEIT**

- **500 g festkochende Kartoffeln**
- **Salz**
- **500 g grüner Spargel**
- **2 El Schmand**
- **2 El Mayonnaise**
- **3 El Joghurt**
- **2 El Weißweinessig**
- **2 Tl mittelscharfer Senf**
- **Pfeffer**
- **Zucker**
- **½ Bund Schnittlauch**
- **2 Eier (Kl. M)**

1 Kartoffeln waschen, ungeschält in einem Topf mit Salzwasser bedeckt aufkochen und bei mittlerer Hitze 20 Min. kochen. Kartoffeln abgießen, mit kaltem Wasser abspülen, pellen und abkühlen lassen.

2 Spargel im unteren Drittel schälen und die Enden dünn abschneiden. Spargel schräg in 3 cm lange Stücke schneiden und in kochendem Salzwasser 4–5 Min. bissfest garen, abgießen, abschrecken und abtropfen lassen.

3 Schmand, Mayonnaise, Joghurt, Essig und Senf mit 5–6 El Wasser glatt rühren. Mit Salz, Pfeffer und Zucker würzen. Schnittlauch in Röllchen schneiden und die Hälfte unter das Dressing rühren. Eier in kochendem Wasser 7–8 Min. wachsweich kochen und abschrecken.

4 Kartoffeln in ½ cm dicke Scheiben schneiden. Eier pellen und vierteln. Kartoffeln und Spargel mit dem Dressing mischen. Geviertelte Eier darauflegen und den Salat mit restlichem Schnittlauch bestreut servieren.

PRO PORTION 17 g E, 26 g F, 41 g KH = 485 kcal (2027 kJ)

Bulgursalat

FÜR 2 Portionen • **ZUBEREITUNGSZEIT** 35 Minuten plus Abkühlzeit

1 **400 ml Gemüsebrühe** aufkochen. **1 Knoblauchzehe** dazupressen, **150 g Bulgur**, **½ Tl Harissa-Paste** und **1 El Tomatenmark** unterrühren. Zugedeckt bei milder Hitze 10–12 Min. quellen lassen. 2 **100 g Zuckerschoten** schräg dritteln, mit **100 g TK- Erbsen** 1 Min. in kochendem Salzwasser blanchieren, eiskalt abschrecken und gut abtropfen lassen. **3 Frühlingszwiebeln** putzen, das Weiße und Hellgrüne in schräge, dünne Ringe schneiden. 3 Bulgurmischung in eine weite Schüssel geben und etwas abkühlen lassen. Blätter von **1 Bund glatter Petersilie** abzupfen und grob hacken. **4 El Zitronensaft**, 2 El Wasser, etwas **Salz**, **Pfeffer** und **5 El Olivenöl** verrühren, mit Petersilie, Frühlingszwiebeln, Erbsen und Zuckerschoten unter den Bulgur mischen. 10 Min. ziehen lassen. 4 Blätter von **2 Stielen Minze** abzupfen, fein hacken und mit **150 g Sahnejoghurt**, **2 El Milch**, **1 El Zitronensaft**, etwas **Salz** und **Pfeffer** verrühren. Bulgursalat evtl. mit Salz und Pfeffer nachwürzen, mit dem Joghurt-Dip servieren.

PRO PORTION 15 g E, 34 g F, 68 g KH = 680 kcal (2846 kJ)

Best of Italien: Tomate, Mozzarella und Oliven schmecken auch als lauwarmes Pasta-Gericht

Italienischer Nudelsalat

FÜR 2 Portionen • **ZUBEREITUNGSZEIT** 25 Minuten • **PLUS ZEIT ZUM DURCHZIEHEN**

1 **250 g Nudeln** (z. B. Tortiglioni) und **2 gepellte Knoblauchzehen** in reichlich kochendem Salzwasser nach Packungsanweisung garen, dann abgießen, den Knoblauch für das Dressing aufbewahren. Nudeln kurz abschrecken und gut abtropfen lassen. **2** **200 g Kirschtomaten** waschen und halbieren. **100 g schwarze Kalamata-Oliven** abtropfen lassen. **10 Mini-Mozzarella-Kugeln** (z. B. Galbani) abtropfen lassen. **3** **1 Zwiebel** fein würfeln. Knoblauch (aus dem Kochwasser) fein hacken. Beides mit **125 ml Tomatensaft**, **4 El Balsamico bianco**, etwas Salz, Pfeffer und 1 Prise Zucker verrühren. **6 El Olivenöl** unterschlagen, Dressing würzig abschmecken, mit den Nudeln, Kirschtomaten, Mozzarella-Kugeln und Oliven mischen und 20 Min. durchziehen lassen. **1 Bund Rauke** putzen, waschen und trocken schleudern. Kurz vor dem Servieren unter den Nudelsalat mischen.

PRO PORTION 27 g E, 47 g F, 99 g KH = 945 kcal (3950 kJ)

Spargelsalat mit Basilikum-Vinaigrette

FÜR 2 Portionen • **ZUBEREITUNGSZEIT** 30 Minuten • **PLUS KÜHLZEITEN**

- **750 g weißer Spargel**
- **Salz**
- **½ Tl Zucker**
- **1 Tl Butter**
- **150 g Kirschtomaten**
- **1 Pk. Mini-Mozzarella (150 g)**
- **20 g Pinienkerne**
- **½ Bund Basilikum**
- **1 Schalotte**
- **3 El Weißweinessig**
- **Pfeffer**
- **3 El Rapsöl**

1 Spargel schälen und die Enden abschneiden. Stangen in schräge, 3 cm lange Stücke schneiden, die Köpfe längs halbieren. ½ l Wasser, ½ Tl Salz, Zucker und Butter aufkochen. Spargel zugeben und zugedeckt 2 Min. kochen. Abgießen und den Kochsud dabei auffangen. Beides abkühlen lassen.

2 Kirschtomaten halbieren. Mozzarella abgießen. Pinienkerne in einer Pfanne ohne Fett anrösten, abkühlen lassen und grob hacken. Basilikumblätter abzupfen und grob hacken.

3 Schalotte fein würfeln, mit Essig, 6 El Spargelkochsud, etwas Salz, Pfeffer und Öl verrühren. Mit Spargel, Kirschtomaten, Mozzarella, Basilikum und Pinienkernen mischen und sofort servieren.

PRO PORTION 21 g E, 36 g F, 9 g KH = 456 kcal (1900 kJ)

Der Erdbeer-Coup

Wer den Salat originell variieren möchte, ersetzt einfach die Kirschtomaten durch reife, geputzte Erdbeeren. Schmeckt herrlich fruchtig und wirklich überraschend gut!

RAFFINIERT

Ein Salat aus Mozzarella, Tomaten und Basilikum nennt sich in Italien Caprese. Unsere Version mit Spargel ist der Hit!

Erdbeer-Avocado-Salat

FÜR 2 Portionen • **ZUBEREITUNGSZEIT** 30 Minuten

1 **2 El Zucker** und **100 ml Aceto balsamico** in einem kleinen Topf aufkochen und bei mittlerer Hitze 5 Min. köcheln lassen. In einer kleinen Schale abkühlen lassen. 2 **150 g Erdbeeren** putzen und in Scheiben schneiden. **1 reife Avocado** längs halbieren und den Kern entfernen. Das Fruchtfleisch schälen und in ½ cm dünne Scheiben schneiden. **1 Kugel Büffelmozzarella** abgießen, mit Küchenpapier trocken tupfen und in Scheiben schneiden. Von **2–3 Stielen Basilikum** die Blättchen abzupfen. 3 Mozzarella, Erdbeeren und Avocado auf eine Platte geben. Mit **Salz** und **Pfeffer** würzen und mit Balsamico und **3 El Öl** beträufeln. Mit Basilikumblättchen bestreut servieren.

PRO PORTION 12 g E, 37 g F, 38 g KH = 550 kcal (2300 kJ)

Süßer Balsamico toppt den Salat mit cremigem Büffelmozzarella. Wir waren hin und weg!

VITAMIN-BOMBE

Der Salatklassiker aus New York in einer frühlingsfrischen Version mit Spinat und Kohlrabi

Kohlrabisalat Waldorf

FÜR 2 Portionen • **ZUBEREITUNGSZEIT** 20 Minuten

1 **6 El Sahnejoghurt** mit **3–4 El Zitronensaft**, **Salz**, **Pfeffer** und **½–1 Tl Zucker** verrühren. **2** **100 g Baby-Spinat** putzen, waschen und vorsichtig etwas trocken schleudern. **1 Kohlrabi** (ca. 250 g) putzen und schälen. **1 Apfel** (ca. 150 g) vierteln und entkernen. Kohlrabi und Apfel raspeln. **40 g Walnusskerne** grob hacken. **3** Kohlrabi und Apfel mit dem Joghurt-Dressing mischen, evtl. mit Salz, Pfeffer und Zucker nachwürzen. Spinat untermischen. Salat mit Walnüssen bestreut servieren.

PRO PORTION 8 g E, 21 g F, 19 g KH = 315 kcal (1321 kJ)

Spargel-Brot-Salat

FÜR 2 Portionen • **ZUBEREITUNGSZEIT** 30 Minuten

- **100 g Ciabatta**
- **1 Knoblauchzehe**
- **500 g weißer Spargel**
- **Salz**
- **300 g gemischte Tomaten**
- **1 Römersalatherz**
- **4 El Aceto balsamico**
- **Zucker**
- **Pfeffer**
- **6 El Olivenöl**
- **50 g Parmesan**
- **3 Stiele Basilikum**

Die heißen Brotscheiben mit halbierter Knoblauchzehe einreiben, dadurch bekommt der Salat ein wunderbares Aroma.

1 Ofen auf 220 Grad (Umluft 200 Grad) vorheizen. Ciabatta in dünne Scheiben schneiden. Brotscheiben nebeneinander auf den Ofenrost legen und im heißen Ofen auf der mittleren Schiene ca. 5 Min. hellbraun rösten. Brot aus dem Ofen nehmen. Knoblauch halbieren und die Brotscheiben mit den Schnittflächen der Knoblauchzehe einreiben.

2 Spargel schälen und die Enden dünn abschneiden. Spargel schräg in 3 cm lange Stücke schneiden und in reichlich kochendem Salzwasser 4–5 Min. bissfest garen, abgießen, abschrecken und abtropfen lassen. Tomaten je nach Größe halbieren, vierteln oder sechsteln. Römersalat putzen und die Blätter grob schneiden.

3 Essig mit 5 El Wasser, Salz, Zucker und Pfeffer verrühren. Öl nach und nach unterrühren. Käse mit dem Sparschäler in feine Späne hobeln. Basilikumblätter abzupfen.

4 Brotscheiben in grobe Stücke brechen. Spargel, Tomaten und Römersalat mit der Vinaigrette mischen. Brot untermischen und kurz ziehen lassen. Salat mit Käse und Basilikum bestreut servieren.

PRO PORTION 18 g E, 38 g F, 42 g KH = 600 kcal (2507 kJ)

SPARGEL-BROT-SALAT
Unser neuer italienischer Liebling!

DER MIX MACHT'S

Krosse Kartoffelwürfel, zartes Grün und Chili-Dressing. Davon kriegen wir nie genug!

Avocado-Kartoffel-Salat

FÜR 2 Portionen • **ZUBEREITUNGSZEIT** 40 Minuten

- **300 g Kartoffeln**
- **Salz**
- **1 Limette**
- **1 reife Avocado**
- **80 g feiner Grieß**
- **1 Tl scharfes Paprikapulver**
- **2 El Olivenöl**
- **125 g gemischte Salatblätter**
- **1 Chilischote**
- **1 El Sesamöl**
- **1 El Sojasauce**
- **Pfeffer**
- **½ Bund Koriandergrün**

1 Kartoffeln waschen, schälen und 1 cm groß würfeln. In einem Topf in reichlich kochendem Salzwasser 10 Min. garen. Abgießen und ausdampfen lassen. Den Saft von 1 Limette auspressen. Avocado halbieren, entkernen, vorsichtig schälen und klein würfeln. Sofort mit 1 El Limettensaft beträufeln.

2 Den Ofen auf 200 Grad (Umluft 180 Grad) vorheizen. Grieß und Paprikapulver mit 1 Prise Salz mischen. Kartoffelwürfel in der Mischung wenden. Ein Backblech mit 1 El Olivenöl fetten. Kartoffeln auf dem Blech im heißen Ofen auf der mittleren Schiene 20 Min. goldgelb backen.

3 Salatblätter putzen und waschen. Chilischote halbieren, entkernen und in feine Streifen schneiden. Zusammen mit restlichem Limettensaft, 1 El Olivenöl und Sesamöl verrühren. Mit Sojasauce und Pfeffer würzen. Blättchen vom Koriandergrün abzupfen.

4 Kartoffelwürfel, Avocado und Salat mit dem Dressing vermengen. Mit Korianderblättchen bestreuen.

PRO PORTION 8 g E, 26 g F, 52 g KH = 505 kcal (2116 kJ)

Gurkensalat

FÜR 4 Portionen • **ZUBEREITUNGSZEIT** 20 Minuten

1 **150 g Ziegenfrischkäse** mit **7 El Milch**, **2 El Zitronensaft** und **2 El Olivenöl** verrühren. Dressing mit Salz, Pfeffer, **1–2 Tl flüssigem Honig** und **½ Tl getrocknetem Thymian** würzen. 2 **1 Salatgurke** streifig schälen und in feine Scheiben hobeln. **1 Römersalat** (250 g) putzen, die Blätter in 2 cm breite Streifen schneiden, waschen und trocken schleudern. **½ Bund Schnittlauch** in Röllchen schneiden. Gurken und Römersalat mit dem Ziegenkäse-Dressing mischen und mit Schnittlauch bestreut servieren.

PRO PORTION 5 g E, 10 g F, 6 g KH = 143 kcal (600 kJ)

ÜBER-RASCHUNG!

Ziegenfrischkäse und Thymian sind unsere Entdeckung für dieses Dressing. Echt raffiniert!

Spitzkohl-Aprikosen-Salat

FÜR 4 Portionen • **ZUBEREITUNGSZEIT** 30 Minuten

1 **1 kleinen Spitzkohl** (ca. 500 g) putzen, vierteln, den harten Strunk entfernen und die Viertel in feine Streifen schneiden. Kohl mit **½ Tl Salz** bestreuen und mit den Händen 3–5 Min. durchkneten. In einem Sieb abtropfen lassen. **2** **1 Dose Aprikosen in Aprikosenmark** (425 g EW) abgießen, das Mark dabei auffangen. Aprikosen in feine Spalten schneiden. **1 Bund Schnittlauch** in feine Röllchen schneiden. **40 g geröstete, gesalzene Cashewkerne** grob hacken. **3** **2 El Weißweinessig**, 5 El Aprikosenmark, **1 Tl mittelscharfen Senf**, etwas Salz, Pfeffer und Zucker verrühren. **4 El Rapsöl** unterschlagen. Spitzkohl, Aprikosen, Schnittlauch und Cashewkerne mit der Sauce mischen, evtl. nachwürzen.

PRO PORTION 4 g E, 15 g F, 20 g KH = 242 kcal (1012 kJ)

Der leichte Bruder vom Coleslaw ist mit Senf und Cashewkernen besonders lecker!

Italiener essen ihn ohne Balsamico, dafür mit bestem Mozzarella und Öl

DAS ORIGINAL

Tomatensalat Caprese

FÜR 2 Portionen
ZUBEREITUNGSZEIT 20 Minuten

1 Von **400 g gemischten Tomaten** den Stielansatz entfernen. Tomaten je nach Größe halbieren oder in grobe Stücke schneiden. **1 Kugel Büffelmozzarella** (125 g) abtropfen lassen und in grobe Stücke zupfen. **2** Tomaten in einer Schüssel mit Salz, Pfeffer, 1 Prise Zucker, **1 El Zitronensaft** und **3 El Olivenöl** mischen. **10 grob gezupfte Basilikumblätter** untermischen. **3** Mozzarella auf einem großen Teller verteilen und den Tomatensalat darübergeben. Mit **2 El Olivenöl** beträufeln und sofort servieren. Dazu passt Weißbrot.

PRO PORTION 12 g E, 38 g F, 6 g KH = 420 kcal (1757 kJ)

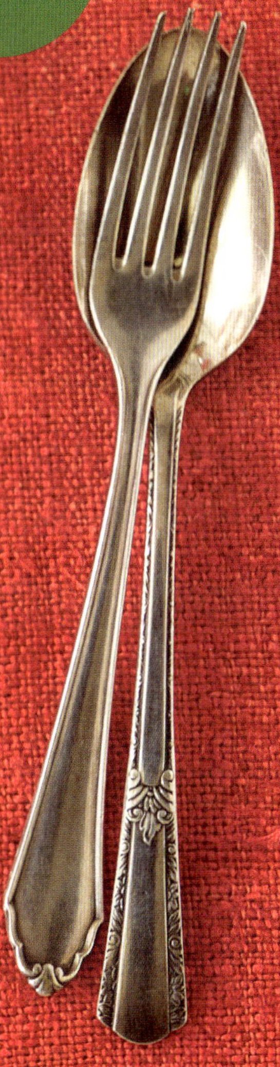

Büffelmozzarella

Der feine milde Käse ist so weich und cremig, dass er nicht geschnitten, sondern nur locker zerzupft wird. Dazu gutes Olivenöl, aromatische Tomaten und der altbekannte Salat entpuppt sich als echtes Highlight.

Asiatischer Glasnudelsalat

FÜR 2 Portionen • **ZUBEREITUNGSZEIT** 25 Minuten • **PLUS MARINIERZEIT**

- **20 g frischer Ingwer**
- **½ Tl Sambal oelek**
- **1 El Honig**
- **6 El Sojasauce**
- **2 El Limettensaft**
- **200 g Tofu (z. B. mit Mandeln)**
- **100 g Glasnudeln**
- **2 Frühlingszwiebeln**
- **150 g Aprikosen (Dose, abgetropft)**
- **1 rote Paprikaschote**
- **5 El Öl**
- **2 El geschälte Sesamsaat**

Tofu ist toll!

Der asiatische Sojaquark ist als unverarbeiteter Naturtofu geschmacksneutral, lässt sich aber vielseitig zubereiten und würzen. Mittlerweile gibt es ihn auch als würzige Varianten fertig zu kaufen, z. B. mit Mandeln oder Nüssen, Kräutern oder geräuchert.

1 Ingwer schälen und fein reiben. Mit Sambal oelek, Honig, Sojasauce und Limettensaft verrühren und in eine flache Schale geben.

2 Tofu in ½ cm dicke Scheiben schneiden und in die Marinade geben. Zugedeckt mind. 30 Min. marinieren, dabei einmal wenden.

3 Glasnudeln nach Packungsanweisung in heißem Wasser quellen lassen. Abgießen, kalt abspülen und gut abtropfen lassen. Mit einer sauberen Schere in etwas kürzere Stücke schneiden.

4 Frühlingszwiebeln putzen, das Weiße und Hellgrüne in dünne Ringe schneiden. Aprikosen in Spalten schneiden. Paprika putzen und in Streifen schneiden. Alles zusammen mit den Nudeln in eine Schüssel geben. Die Tofuscheiben aus der Marinade nehmen und auf Küchenpapier abtropfen lassen. Marinade und 3 El Öl unter die Nudeln mischen.

5 2 El Öl in einer beschichteten Pfanne erhitzen und die Tofuscheiben von jeder Seite 1–2 Min. hellbraun anbraten. Mit dem Salat anrichten und mit Sesamsaat bestreut servieren.

PRO PORTION 23 g E, 40 g F, 71 g KH = 748 kcal (3133 kJ)

FLEISCHLOS GLÜCKLICH

Ingwer und Sambal oelek sorgen für schöne Schärfe, Honig und Aprikosen für eine leichte Süße

Herber Radicchio, süße Mango und cremige Avocado in zitrusfrischer Vinaigrette. Genial!

Fruchtiger Avocadosalat

FÜR 2 Portionen • **ZUBEREITUNGSZEIT** 20 Minuten

1 **3 El Zitronensaft** mit 2 El Wasser, **Salz**, **Pfeffer** und **1 Prise Zucker** verrühren. **4 El Olivenöl** nach und nach unterrühren. **2** **100 g Radicchio** putzen, waschen und etwas trocken tupfen. **½ Mango** (200 g) schälen und das Fruchtfleisch würfeln. **1 Avocado** halbieren, den Kern und die Schale entfernen. Avocado quer in Scheiben schneiden. **3** Radicchio, Mangowürfel und Avocadoscheiben auf einem Teller anrichten und mit dem Zitronen-Dressing beträufeln.

PRO PORTION 2 g E, 31 g F, 18 g KH = 365 kcal (1527 kJ)

Frischer Spaghetti-Salat

FÜR 2 Portionen • **ZUBEREITUNGSZEIT** 40 Minuten

1 **100 g Vollkornspaghetti** in reichlich kochendem Salzwasser nach Packungsanweisung bissfest garen, abgießen und mit kaltem Wasser abspülen. 2 **300 g Salatgurke** und **500 g Wassermelone** schälen, entkernen und in 1 cm große Würfel schneiden. **1 rote Zwiebel** halbieren und in feine Streifen schneiden. Blätter von **4 Stielen Minze** abzupfen und grob hacken. 3 Nudeln mit Gurken, Melonen, Zwiebeln, **3 El Limettensaft** und **1½ El Olivenöl** mischen. Mit Salz und Pfeffer würzen und 10 Min. durchziehen lassen. Spaghetti-Salat mit **50 g zerbröseltem Feta** (45 % Fett i. Tr.) und Minze bestreut servieren.

PRO PORTION 12 g E, 15 g F, 45 g KH = 377 kcal (1573 kJ)

Wassermelone klingt gewagt, ist aber kombiniert mit Gurke und Minze herrlich erfrischend

Mediterraner Ofengemüsesalat

FÜR 4 Portionen
ZUBEREITUNGSZEIT 45 Minuten

1 **8 Schalotten** pellen und längs halbieren. **½ frische Knoblauchknolle** vierteln. **250 g Zucchini** putzen und in 2 cm dicke Scheiben schneiden. **2 rote Paprikaschoten** vierteln und entkernen. Paprika in 3 cm große Stücke schneiden. **600 g neue Kartoffeln** gründlich waschen und dritteln. Von **2 Zweigen Rosmarin** die Nadeln abstreifen und hacken. **2** Schalotten, Knoblauch, Zucchini, Paprika, Kartoffeln und Rosmarin in einer großen Schüssel mit Salz, Pfeffer und **5 El Olivenöl** mischen. Ein Backblech mit **1 El Olivenöl** fetten und das Gemüse darauf verteilen. Im heißen Ofen bei 200 Grad (Umluft 180 Grad) auf der mittleren Schiene 30–35 Min. garen.
3 Knoblauch entfernen und das Gemüse mit **2–3 El Rotweinessig** und **2 El Olivenöl** beträufeln. Gemüse leicht abkühlen lassen und evtl. mit Salz und Pfeffer nachwürzen. Von **4 Stielen Basilikum** die Blätter grob zupfen und untermischen.

PRO PORTION 5 g E, 20 g F, 25 g KH = 310 kcal (1293 kJ)

FÜR FAULE

Perfekt, weil das meiste der Ofen macht – und sooo lecker!

Bulgur-Gemüse-Salat

FÜR 2 Portionen • **ZUBEREITUNGSZEIT** 25 Minuten

1 **100 g Bulgur** in kochendem Salzwasser nach Packungsanweisung garen, abgießen, abschrecken und gut abtropfen lassen. **2** Inzwischen **4 El Zitronensaft**, 8 El Wasser, **1 El Honig**, **1½ El Olivenöl**, **Salz** und **Pfeffer** kräftig verrühren. Bulgur untermischen. **3** **50 g Blattsalat** (z. B. Eichblattsalat) putzen, waschen, trocken schleudern und grob zerzupfen. **150 g gekochte Rote Bete** (vakuumiert) in 1 cm breite Spalten schneiden. **150 g Möhren** schälen, längs halbieren. **½ Apfel** entkernen. Beides in dünne Scheiben schneiden oder hobeln. Alles unter den Bulgur mischen und auf Tellern anrichten. **4** **80 g Schafskäse light** (aus der Lake) grob zerbröseln und über dem Salat verteilen.

PRO PORTION 14 g E, 11 g F, 58 g KH = 400 kcal (1677 kJ)

Mit Roter Bete, Möhren, Apfel und Schafskäse ein feiner leichter Imbiss

Exotischer Krautsalat

FÜR 2 Portionen • **ZUBEREITUNGSZEIT** 15 Minuten

1 **1 Mango** schälen, das Fruchtfleisch vom Stein schneiden und in dünne Scheiben schneiden. Von **200 g Tomaten** den Stielansatz entfernen. Tomaten in grobe Stücke schneiden. **1 rote Zwiebel** halbieren und in feine Streifen schneiden. 2 **400 g Krautsalat** (Kühlregal) mit Mangoscheiben, Tomaten, Zwiebeln und **2 El Rapskernöl** mischen. Mit Salz und Pfeffer würzen. Blätter von **3 Stielen Basilikum** abzupfen und über den Salat streuen.

PRO PORTION 3 g E, 22 g F, 52 g KH = 435 kcal (1818 kJ)

Mit Mango, Basilikum und roter Zwiebel wird einfacher Krautsalat zum Renner

Gemüse-Sticks mit würzigem Kräuter-Dip:
ein frischer Snack für zwischendurch.

Gemüse mit Joghurt-Dip

FÜR 2 Portionen • **ZUBEREITUNGSZEIT** 15 Minuten

- **400 g gemischtes Gemüse (z. B. Möhren, Kohlrabi, Staudensellerie, Paprika)**
- **4 Stiele glatte Petersilie**
- **½ Bund Schnittlauch**
- **1 kleiner säuerlicher Apfel (z. B. Elstar)**
- **1 El Zitronensaft**
- **300 g griech. Sahnejoghurt (10 % Fett)**
- **Salz**
- **Pfeffer**
- **½ Beet Gartenkresse**

1 Gemüse putzen, je nach Sorte schälen und in Stifte schneiden. Bis zum Verzehr mit feuchtem Küchenpapier abdecken.

2 Petersilienblätter abzupfen und hacken. Schnittlauch in feine Röllchen schneiden.

3 Apfel vierteln, entkernen, fein würfeln und mit ½ El Zitronensaft mischen. Joghurt mit ½ El Zitronensaft, Salz und Pfeffer verrühren. Gartenkresse mit einer Schere abschneiden.

4 Die Hälfte des Apfels und der Kräuter unter den Joghurt mischen, den Rest darüberstreuen. Gemüsesticks mit Joghurt-Dip servieren.

PRO PORTION 7 g E, 15 g F, 21 g KH = 259 kcal (1088 kJ)

Joghurt – who is who?

Naturjoghurt, also der ohne Früchte, besteht ausschließlich aus Milch oder Sahne und Milchsäurebakterien. Der Fettgehalt lässt sich an den unterschiedlichen Bezeichnungen ablesen: Außer Sahnejoghurt mit 10 % Fett gibt es Vollmilchjoghurt mit mind. 3,5 % Fett, fettarmen Joghurt mit mind. 1,5 % und Magermilchjoghurt mit 0,3 % Fett.

KNACKIGER GRIECHE

Wir schichten Gemüse, Salat und Joghurt-Dressing. So bleibt alles schön knackig

Bauernsalat mit Schafskäse

FÜR 6 Portionen • **ZUBEREITUNGSZEIT** 30 Minuten

1 **400 g Eisbergsalat** putzen, waschen und in Streifen schneiden. Von **450 g Tomaten** den Stielansatz entfernen. Tomaten in grobe Stücke schneiden. **450 g Salatgurke** waschen, streifig schälen, längs halbieren und entkernen. Gurke in 2 cm große Stücke schneiden. **2 rote Pfefferschoten** putzen, längs halbieren, entkernen und fein würfeln. **1 rote Zwiebel** in feine Ringe schneiden. **2** Die Blättchen von je **4 Stielen Minze und Dill** abzupfen und grob hacken. **300 g griech. Sahnejoghurt** (10 %) mit 5 El Wasser, **4 El Zitronensaft** und **3 El Olivenöl** glatt rühren. Mit **Salz**, **Pfeffer**, **1 Prise Zucker** und der Hälfte der Kräuter würzen. **200 g Schafskäse** zerbröseln. **3** Eisbergsalat, Tomaten, Gurken, Pfefferschoten, Zwiebeln, restliche Kräuter und Schafskäse mit dem Joghurt-Dressing abwechselnd in eine Schüssel schichten.

PRO PORTION 8 g E, 18 g F, 7 g KH = 234 kcal (980 kJ)

Mediterraner Nudelsalat

FÜR 2–3 Portionen • **ZUBEREITUNGSZEIT** 25 Minuten • **PLUS KÜHLZEIT**

1 Reichlich Wasser für die Nudeln aufsetzen. **40 g getrocknete Tomaten** (in Öl) grob schneiden und in einen Rührbecher geben. **4 El Rotweinessig** und **4 El gutes Olivenöl** zugeben. 2 Kochendes Nudelwasser salzen, **200 g Muschelnudeln** darin nach Packungsanweisung bissfest garen. Nudeln abgießen, dabei 100 ml Nudelwasser auffangen. Nudeln abtropfen lassen. Nudelwasser in den Rührbecher geben und alles mit dem Schneidstab fein pürieren, kräftig mit **Salz** und **Pfeffer** würzen. Nudeln mit der Tomatensauce in einer großen Schüssel mischen und in einem kalten Wasserbad 30 Min. abkühlen lassen. Dabei gelegentlich umrühren. 3 **1 Salatgurke** waschen, streifig schälen und der Länge nach halbieren. Kerne mit einem Löffel herauskratzen. Gurkenhälften der Länge nach halbieren, quer in 2 cm große Stücke schneiden. **60 g Rauke** verlesen, waschen und trocken schleudern. **100 g Schafskäse** (Feta) zerkrümeln. 4 Gurken, Rauke und Feta unter die Nudeln mischen.

PRO PORTION (BEI 3) 15 g E, 23 g F, 51 g KH = 483 kcal (2020 kJ)

Gurke und Rauke machen's frisch und knackig, Schafskäse und Tomaten-Dressing schön würzig

Aus Rauke, Pilzen, Vinaigrette
und Ziegenkäse zaubern Sie im Nu
eine kleine Überraschung

Rauke-Champignon-Carpaccio

FÜR 2 Personen • **ZUBEREITUNGSZEIT** 25 Minuten

- **50 g Rauke**
- **150 g Champignons**
- **2 Tl Senf**
- **3 El Aceto balsamico bianco**
- **Salz**
- **Pfeffer**
- **4 El Öl**
- **40 g Ziegengouda**

1 Rauke verlesen, waschen und trocken schleudern. Die Rauke auf 2 Teller verteilen. Die Champignons putzen. Champignons in feine Scheiben schneiden und auf der Rauke verteilen.

2 Senf, Aceto balsamico bianco, Salz und Pfeffer verrühren. Öl mit einem Schneebesen kräftig untermischen. Sauce mit einem Esslöffel streifenartig über die Champignons geben. Den Ziegengouda mit einem Sparschäler in dünne Scheiben hobeln und daraufstreuen. Dazu passt Baguette.

PRO PORTION 7 g E, 26 g F, 4 g KH = 290 kcal (1215 kJ)

Der Käsetrick

Am einfachsten lässt sich der Ziegengouda hobeln, wenn er direkt aus dem Kühlschrank kommt.

Gemüse-Nudel-Salat

FÜR 6 Portionen • **ZUBEREITUNGSZEIT** 35 Minuten • **PLUS MARINIERZEIT**

- **300 g Tortiglioni**
- **Salz**
- **300 g rote Paprikaschoten**
- **300 g Zucchini**
- **300 g Kirschtomaten**
- **3 El Mandelstifte**
- **2 Knoblauchzehen**
- **6 El Rotweinessig**
- **Pfeffer**
- **1–2 Tl Zucker**
- **12 El Olivenöl**
- **5 Stiele Basilikum**
- **60 g ital. Hartkäse (z. B. Grana Padano)**

Servier-Trick

Nudelsalat lässt sich toll vorbereiten. Schmecken Sie ihn schön würzig ab, damit er, wenn er länger steht, nicht fade wird. Das Basilikum sollten Sie erst kurz vor dem Servieren untermischen, sonst macht es schlapp.

1 Nudeln in reichlich kochendem Salzwasser nach Packungsanweisung bissfest garen, abgießen und abschrecken.

2 Paprika putzen, vierteln, entkernen und in 2 cm große Stücke schneiden. Zucchini putzen, längs halbieren und schräg in 1 cm breite Stücke schneiden. Tomaten halbieren. Mandelstifte in einer Pfanne ohne Fett hellbraun rösten. Knoblauchzehen andrücken.

3 Essig mit 6 El Wasser, Salz, Pfeffer und Zucker verrühren. 10 El Öl nach und nach unterrühren.

4 2 El Öl in einer großen Pfanne erhitzen. Paprika und Knoblauch darin bei mittlerer Hitze 2 Min. braten. Zucchini zugeben und 2 Min. mitbraten. Gemüse mit Salz und Pfeffer würzen, etwas abkühlen lassen, Knoblauch entfernen.

5 Nudeln in einer Schüssel mit der Vinaigrette und dem gebratenen Gemüse mischen, 30 Min. ziehen lassen. Tomaten, Mandeln und abgezupfte Basilikumblätter untermischen. Salat evtl. mit Salz, Pfeffer und Zucker nachwürzen. Käse mit einem Sparschäler in feine Scheiben schneiden, über den Salat streuen.

PRO PORTION 13 g E, 27 g F, 40 g KH = 468 kcal (1960 kJ)

PARTY-RENNER

Ein Nudelsalat gehört zu jedem Fest dazu. Dieser ist mit Zucchini, Paprika und Mandeln ein echtes Highlight

Broccoli-Radieschen-Salat

FÜR 2 Portionen • **ZUBEREITUNGSZEIT** 25 Minuten

1 **3 El Sonnenblumenkerne** in einer Pfanne ohne Fett rösten, herausnehmen. **400 g Broccoli** putzen und in kleine Röschen teilen. **2 El Rapskernöl** in der Pfanne erhitzen. Broccoli darin bei mittlerer Hitze 5–7 Min. dünsten. Mit **Salz** und **Pfeffer** würzen. **2 El Rosinen** 1 Min. mitbraten. 2 **1 Bund Radieschen** (8–10 Stück) putzen. Radieschen vierteln. **150 g Schmand** mit **100 ml frisch gepresstem Orangensaft** und **1 El Zitronensaft** glatt rühren. Mit **Salz**, **Pfeffer** und **1 Prise Zucker** würzen. 3 Broccoli-Rosinen-Mischung mit Radieschen auf einer Platte oder einem Teller verteilen, mit Dressing beträufeln und mit Sonnenblumenkernen bestreut servieren.

PRO PORTION 14 g E, 34 g F, 31 g KH = 498 kcal (2092 kJ)

Knackiger Fitmacher mit Rosinen und Sonnenblumenkernen für Süße und Biss.

Der bleibt lange knackig und ist deshalb sogar bürotauglich

Bulgur-Salat

FÜR 2 Portionen • **ZUBEREITUNGSZEIT** 45 Minuten

1 250 ml Wasser aufkochen, salzen und **125 g Bulgur** zugeben. Zugedeckt bei sehr milder Hitze 25 Min. quellen und anschließend abkühlen lassen. **2** **200 g Möhren** putzen, schälen und schräg in ½ cm dicke Scheiben schneiden. **150 g Zuckerschoten** je nach Größe schräg halbieren. Möhren in reichlich kochendem Salzwasser 3 Min. kochen. Zuckerschoten 2 Min. mitkochen. Möhren und Zuckerschoten abgießen und mit kaltem Wasser abschrecken. **40 g Cashewkerne** grob hacken. **½ Tl Kreuzkümmel** in einem Mörser leicht zerstoßen. Cashewkerne und Kreuzkümmel in einer Pfanne ohne Fett kurz rösten. Blättchen von **4 Stielen glatter Petersilie** abzupfen und grob schneiden. **3** **4 El Zitronensaft** mit 2 El Wasser, **1 El Honig**, **Salz** und **Pfeffer** verrühren. **5 El Olivenöl** nach und nach unterrühren. Bulgur, Möhren, Zuckerschoten, Cashewkerne und Petersilie mit dem Zitronen-Dressing mischen. Evtl. mit Salz und Pfeffer nachwürzen.

PRO PORTION 11 g E, 35 g F, 64 g KH = 626 kcal (2625 kJ)

Roter Linsen-Dip

FÜR 2 Portionen • **ZUBEREITUNGSZEIT** 25 Minuten • **PLUS ABKÜHLZEIT**

1 **1 Zwiebel** und **1 Knoblauchzehe** fein würfeln, in **2 El heißem Olivenöl** andünsten. **100 g rote Linsen** zugeben, mit **Salz**, **Pfeffer**, **¼ Tl gemahlenem Kreuzkümmel** und **¼ Tl Chiliflocken** würzen. **250 ml Gemüsebrühe** zugießen, aufkochen und zugedeckt bei milder Hitze 15 Min. garen, bis die Flüssigkeit vollständig aufgenommen ist. In eine Schüssel füllen und abkühlen lassen. 2 Von **3 Stielen Minze** und **3 Stielen Petersilie** die Blätter abzupfen, fein hacken. **100 g cremigen Schafskäse** zu den Linsen geben und fein pürieren. Gehackte Kräuter, **1 Tl fein abgeriebene Bio-Zitronenschale** und **1 El Zitronensaft** unterrühren. Dip mit **Salz**, **Pfeffer** und evtl. Zitronensaft abschmecken. Dazu passen Fladenbrot und Gemüsesticks.

PRO PORTION 20 g E, 23 g F, 23 g KH = 387 kcal (1620 kJ)

Petersilie, Minze und Schafskäse machen den Dip schön frisch, würzig und sooo lecker!

Alle lieben Nudelsalat! Vor allem diesen mit Erbsen, Apfel, Bergkäse und frischer Joghurt-Mayo

Nudelsalat

FÜR 6 Portionen • **ZUBEREITUNGSZEIT** 35 Minuten
PLUS ZEIT ZUM DURCHZIEHEN

1 Reichlich Wasser zum Kochen bringen. **100 g Bergkäsescheiben** in Streifen schneiden. **100 g Gewürzgurken** in dünne Scheiben schneiden. Wasser salzen, **200 g Nudeln** (z. B. Gemelli) zugeben und nach Packungsanweisung garen. **150 g TK-Erbsen** 2 Min. vor Ende der Garzeit zugeben und mitkochen. Alles abgießen und abschrecken. **2** **1 roten Apfel** waschen, in Scheiben vom Kerngehäuse schneiden, Scheiben würfeln, sofort mit **3 El Gewürzgurkensud** mischen. **70 g Salatmayonnaise**, **150 g Vollmilchjoghurt**, **5 El Gewürzgurkensud**, etwas **Salz**, **Pfeffer** und **1 Prise Zucker** verrühren. Mit den Nudeln, Gurken, Äpfeln und Käse mischen und 20 Min. durchziehen lassen, dann evtl. nachwürzen.

PRO PORTION 12 g E, 12 g F, 33 g KH = 300 kcal (1254 kJ)

Raukesalat mit Bohnen und Ei

FÜR 2 Portionen • **ZUBEREITUNGSZEIT** 40 Minuten

- **300 g TK-Brechbohnen**
- **Salz**
- **2 gehäufte Tl körniger Senf**
- **3 El Weißweinessig**
- **Zucker**
- **Pfeffer**
- **3 El Olivenöl**
- **1 El Crème fraîche**
- **2–3 Eier (Kl. M)**
- **1 Bund Rauke (50 g)**
- **300 g Tomaten**

Die Gewürze gründlich mit Essig und Senf verrühren, bis sie gelöst sind. Dann das Öl untermischen, bis alles miteinander verbunden ist.

1 Bohnen in reichlich kochendem Salzwasser 5 Min. sprudelnd kochen, abgießen und gut abtropfen lassen.

2 Senf und Essig in einer großen Schüssel verrühren. Mit 1 kräftigen Prise Zucker, Salz und Pfeffer würzen. Öl mit einem Schneebesen kräftig untermischen. Crème fraîche unterrühren. Bohnen unterheben und marinieren, bis die restlichen Zutaten vorbereitet sind.

3 Eier anstechen und in 10 Min. hart kochen, abschrecken und pellen. Rauke verlesen, waschen und trocken schleudern. Tomaten halbieren, den Stielansatz entfernen und in Spalten schneiden.

4 Tomaten und Rauke unter die Bohnen mischen. Eier vierteln und vorsichtig unterheben.

PRO PORTION 14 g E, 25 g F, 16 g KH = 357 kcal (1493 kJ)

FRISCHER SATT-MACHER

Rauke, Bohnen und Ei mit Senf-Vinaigrette – wer sagt denn, dass Salat nicht satt macht?

Die frischen Grünen

In der Saison können Sie den Salat auch mit frischen Buschbohnen zubereiten. Diese putzen, 10–12 Min. kochen, abschrecken. Dann in Stücke schneiden und wie beschrieben weiterverwenden.

Süß-säuerlich, herrlich frisch, dank Schmand-Dressing lecker cremig und blitzschnell fertig!

Sauerkraut-Birnen-Salat

FÜR 2 Portionen • **ZUBEREITUNGSZEIT** 20 Minuten

1 **3 El Haselnussblättchen** in einer Pfanne ohne Fett goldbraun rösten. **2 El Schmand** mit **100 ml Apfelsaft**, **1 El Zitronensaft** und **2 El Rapskernöl** verrühren. Mit **2 Tl Honig**, **Salz** und **Pfeffer** würzen. **2** **250 g frisches Fass-Sauerkraut** in einem Sieb abtropfen lassen. **1 große mittelreife Birne** (250 g) vierteln, entkernen und in feine Scheiben schneiden. **½ Bund Schnittlauch** in Röllchen schneiden. **3** Sauerkraut und Birnenscheiben mit dem Dressing mischen. Mit Haselnussblättchen und Schnittlauch bestreut servieren.

PRO PORTION 6 g E, 26 g F, 25 g KH = 370 kcal (1555 kJ)

Möhren-Mango-Salat

FÜR 4 Portionen • **ZUBEREITUNGSZEIT** 20 Minuten • **PLUS KÜHLZEIT**

1 **350 g Möhren** schälen, längs halbieren und schräg in ½ cm dicke Stücke schneiden. **1 grüne Pfefferschote** längs halbieren, entkernen und in dünne Streifen schneiden. Beides in einem Topf mit **3 El Öl** andünsten und bei milder Hitze zugedeckt 5 Min. garen. Mit **Salz**, **1 Tl Honig** und **2 El Limettensaft** würzen und in einer Schüssel abkühlen lassen. 2 Inzwischen **½ Mango** vom Stein schneiden, schälen und klein würfeln. **2 El Erdnusskerne** (geröstet und gesalzen) grob hacken. Die Blättchen von **3 Stielen Minze** in Streifen schneiden. Alles unter die abgekühlten Möhren mischen. Mit **Salz** und **Limettensaft** abschmecken.

PRO PORTION 3 g E, 11 g F, 12 g KH = 169 kcal (707 kJ)

FRISCH & FRUCHTIG

Grüne Pfefferschote peppt den herrlich frischen Salat auf, Erdnüsse würzen mit Biss

Pilzsalat mit Croûtons

FÜR 4 Portionen • **ZUBEREITUNGSZEIT** 30 Minuten

1 **450 g gemischte Pilze** (z. B. Champignons, Pfifferlinge, Kräuterseitlinge) putzen und halbieren. **1 Schalotte** fein würfeln. Abgezupfte Blättchen von **4 Stielen Petersilie** hacken. **1 Mini-Römersalat** putzen und in mundgerechte Stücke schneiden. **4 El Aceto balsamico**, 2 El kaltes Wasser, Salz und Pfeffer verrühren. **2 El Olivenöl** untermischen. **2** **6 dicke Scheiben Baguette** in 3 cm große Würfel schneiden und mit **2 El Olivenöl** mischen. Auf einem Backblech verteilen und im heißen Ofen bei 200 Grad (Umluft 180 Grad) im unteren Drittel 8–10 Min. rösten. **3** **3 El Olivenöl** in einer Pfanne erhitzen. Pilze und Schalotten darin bei mittlerer bis starker Hitze 6–8 Min. braten. Marinade mit den Pilzen mischen, Petersilie unterrühren. Pilze und Croûtons auf dem Salat anrichten. **30 g ital. Hartkäse** (z. B. Grana Padano) am besten mit einem Sparschäler darüberhobeln.

PRO PORTION 8 g E, 20 g F, 15 g KH = 277 kcal (1162 kJ)

Gebratene Pilze, geröstetes Baguette und Käsehobel auf dem Salat. So begrüßt man Freunde

Linsensalat mit Schafskäse

FÜR 6 Portionen • **ZUBEREITUNGSZEIT** 35 Minuten

1 **200 g rote Linsen** in einem Topf mit kochendem Salzwasser 8 Min. garen, abgießen, abschrecken und gut abtropfen lassen. Linsen in eine Schüssel geben und mit **3–4 El Zitronensaft**, **Salz**, **Zucker** und **Pfeffer** kräftig würzen. Mind. 15 Min. durchziehen lassen. 2 Von **2 Fenchelknollen** (à 250 g) die äußere Schicht entfernen und den Strunk keilförmig herausschneiden. Die Knollen längs in dünne Scheiben hobeln. Den Fenchel in einer Schüssel mit wenig **Salz** und **Zucker** vorsichtig mit den Fingern etwas durchkneten. **1 Granatapfel** halbieren und über einer Schüssel die Kerne mit einem Kochlöffel herausklopfen. Die Blättchen von **4 Petersilienstielen** hacken. **300 g Schafskäse** in 12 Scheiben schneiden. Den Fenchelsud, die Granatapfelkerne und **5 El Olivenöl** unter die Linsen mischen. Mit **Salz** und **Zucker** abschmecken. Fenchel, Linsensalat und Käse auf Tellern anrichten. Mit Petersilie und **Pfeffer** bestreuen und mit etwas **Olivenöl** beträufelt servieren.

PRO PORTION 16 g E, 26 g F, 24 g KH = 400 kcal (1679 kJ)

Das geht ja frisch los: mit Fenchel, Granatapfelkernen und Schafskäse

Ofenkürbis macht den Salat zum Renner im Herbst. Mit Frischkäseschnittchen wird's ein toller Sattmacher!

Kürbis-Radicchio-Salat

FÜR 2 Portionen • **ZUBEREITUNGSZEIT** 30 Minuten

1 **½ Hokkaido-Kürbis** waschen. Das weiche Innere und die Kerne mit einem Löffel aus dem Kürbis kratzen. Kürbis samt Schale in 2 cm breite Spalten schneiden. Spalten in 5–6 cm lange Stücke schneiden, in einer Schüssel sorgfältig mit **1 El Olivenöl** mischen, mit **Salz** und **Pfeffer** würzen. Kürbis auf einem mit Backpapier ausgelegten Blech verteilen. Im heißen Ofen bei 200 Grad auf der mittleren Schiene 20 Min. garen (Umluft nicht empfehlenswert).
2 **1 gehäuften Tl Senf**, **1 Tl Honig**, **2 El Apfelessig**, 2 El kaltes Wasser, **Salz** und **Pfeffer** verrühren. **1 El Olivenöl** mit einem Schneebesen kräftig unterschlagen. **1 kleinen Radicchio** (150 g) putzen, aufblättern und in kleine mundgerechte Stücke zupfen. Radicchio mit der Sauce mischen. 3 **1 Roggen-Baguette-Brötchen** in Scheiben schneiden, dünn mit **150 g Ziegenfrischkäse** bestreichen und mit **2 El Schnittlauchröllchen** bestreuen. Kürbis auf dem Blech 3 Min. abkühlen lassen, dann unter den Radicchio mischen. Mit dem Frischkäse-Baguette anrichten.

PRO PORTION 11 g E, 20 g F, 30 g KH = 356 kcal (1496 kJ)

Orange sorgt für Frische und macht Sie mit ordentlich Vitamin C winterfit

Kichererbsen-Fenchel-Salat

FÜR 2 Portionen • **ZUBEREITUNGSZEIT** 25 Minuten

1 **200 g Kichererbsen** (Dose) abspülen und abtropfen lassen. **1 Fenchelknolle** (ca. 300 g) putzen, vierteln und den harten Strunk entfernen. Viertel in sehr dünne Streifen schneiden. Mit etwas **Salz** und **1 Tl fein abgeriebener Bio-Orangenschale** würzen, gut durchkneten und 10 Min. ziehen lassen. 2 **1 El Sesamsaat** in einer Pfanne ohne Fett anrösten, auf einem Teller abkühlen lassen. **2 Orangen** so schälen, dass die weiße Haut vollständig entfernt wird, Filets zwischen den Trennhäuten herausschneiden, den herabtropfenden Saft dabei auffangen. **1 rote Paprikaschote** vierteln, putzen und in feine Streifen schneiden. 3 6 El aufgefangenen Orangensaft, **1 Tl Honig**, **2 El Zitronensaft**, etwas **Salz**, **Pfeffer** und **1 El Öl** verrühren. Mit Kichererbsen, Orangen, Paprika und Fenchel mischen, evtl. nachwürzen. Von **5 Stielen Koriandergrün** die Blätter abzupfen und untermischen. Mit Sesamsaat bestreut servieren.

PRO PORTION 13 g E, 12 g F, 39 g KH = 333 kcal (1394 kJ)

Comeback

Früher war Selleriesalat Pflicht auf jedem Buffet – irgendwann ist er aus der Mode gekommen. Wir beweisen, dass es höchste Zeit ist, ihn wieder aufzutischen. Hier ist er: einmal klassisch, einmal exotisch.

1 REZEPT, 2 VARIANTEN

Selleriesalat

FÜR 2 Portionen • **ZUBEREITUNGSZEIT** 50 Minuten • **PLUS ZEIT ZUM DURCHZIEHEN**

Zutaten asiatisch

- ½ Sellerieknolle (ca. 400 g)
- 2 Frühlingszwiebeln in feinen Ringen
- 10 g fein gewürfelter frischer Ingwer
- ½–1 rote Chilischote in feinen Ringen
- 2 El Sojasauce
- 2 El Limettensaft
- 1 El Honig
- 3 El neutrales Öl
- 1 El geröstetes Sesamöl

Zutaten klassisch

- ½ Sellerieknolle (ca. 400 g)
- 1 kleine Zwiebel in dünnen halben Ringen
- Salz
- Pfeffer
- 1 Prise Zucker
- 4 El Weißweinessig
- 4 El Öl
- ½ Bund Schnittlauch in feinen Ringen

1 Sellerie schälen, halbieren und in kochendem Salzwasser 30–40 Min. weich garen. Aus dem Kochwasser nehmen und 10 Min. abkühlen lassen. Anschließend in dünne Scheiben schneiden. 2 100 ml vom Kochwasser in eine Schüssel geben und kräftig mit den jeweiligen Gewürzen abschmecken. Selleriescheiben in den gewürzten Sud geben und mind. 30 Min. durchziehen lassen. Kurz vor dem Servieren Öl und Kräuter untermischen.

ASIATISCH PRO PORTION 3 g E, 21 g F, 13 g KH = 260 kcal (1093 kJ)
KLASSISCH PRO PORTION 2 g E, 20 g F, 6 g KH = 222 kcal (928 kJ)

Lauwarmer Rotkohlsalat

FÜR 2 Portionen • **ZUBEREITUNGSZEIT** 35 Minuten

1 250 ml Wasser in einem Topf aufkochen. **Salz** und **100 g Bulgur** zugeben und zugedeckt bei mildester Hitze 25 Min. quellen lassen.
2 Inzwischen **250 g Rotkohl** putzen, den dicken Strunk keilförmig herausschneiden und den Kohl in feine Streifen schneiden. **1 Zwiebel** in halbe Ringe schneiden. Beides in einer Schüssel mit **Salz** würzen und mit den Händen kräftig durchkneten. **3** **1 El Öl** in einer Pfanne erhitzen. Die Kohlmischung darin bei mittlerer Hitze andünsten. Mit **2 El Essig**, **1 Prise Zimtpulver**, **1–2 El Honig** und **Salz** würzen und 5 Min. weiterdünsten. **4** Bulgur mit **1–2 Tl Harissa** (scharfe Gewürzpaste) würzen. Blättchen von **4 Stielen glatter Petersilie** hacken. **100 g fettarmen Joghurt** mit **2 El Milch** verrühren. **100 g Feta light** grob zerbröseln. Rotkohl mit Bulgur, Feta und Joghurt anrichten und mit Petersilie bestreut servieren.

PRO PORTION 21 g E, 12 g F, 48 g KH = 394 kcal (1647 kJ)

Von wegen nur ein Salat: dank Bulgur, Feta und Joghurt ein herrlicher Sattmacher de luxe!

Feldsalat mit Papaya-Dressing

FÜR 4 Portionen • **ZUBEREITUNGSZEIT** 25 Minuten

1 Aus **½ Papaya** (250 g) die Kerne mit einem Löffel entfernen. Fruchtfleisch schälen und klein würfeln. **2 El Cashewkerne** (geröstet und gesalzen) grob hacken. **100 g Feldsalat** putzen, waschen und trocken schleudern. **2** **4 El Weißweinessig**, 4 El Wasser, **1½ Tl mittelscharfen Senf**, **2 Tl Honig**, **Salz** und **Pfeffer** verrühren. **6 El Olivenöl** kräftig unterrühren. **3** Das Dressing kurz vor dem Servieren noch einmal kräftig durchrühren. Papaya und Feldsalat vorsichtig unterheben. Mit Cashewkernen bestreut servieren.

PRO PORTION 2 g E, 18 g F, 8 g KH = 210 kcal (876 kJ)

SPITZEN-STARTER

Mit Senf-Vinaigrette und Cashewkernen leicht verschärft und herrlich bissig

Linsen-Gemüse-Salat

FÜR 2 Portionen • **ZUBEREITUNGSZEIT** 45 Minuten

- **80 g braune Berglinsen**
- **250 g Möhren**
- **150 g Staudensellerie**
- **100 g Radicchio**
- **4 Stiele glatte Petersilie**
- **3 El kalt gepresstes Rapsöl**
- **Salz**
- **Pfeffer**
- **100 ml frisch gepresster Orangensaft**
- **2 El Weißweinessig**
- **Zucker**
- **2 El Ziegenfrischkäse (17 % Fett)**

Linsen satt

Wer leicht kochen möchte, sollte Linsen auf dem Zettel haben. Der Grund: Sie liefern hochwertiges Eiweiß, das super sättigt, ohne viele Kalorien und Fett zu haben!

1 Linsen in einem Sieb mit kaltem Wasser abspülen. Linsen mit 500 ml Wasser in einen Topf geben, zugedeckt aufkochen und bei mittlerer Hitze 25–30 Min. garen.

2 Inzwischen Möhren putzen, schälen und schräg in ½ cm dicke Scheiben schneiden. Sellerie putzen, entfädeln und schräg in Scheiben schneiden. Radicchio putzen, waschen und die Blätter in grobe Streifen schneiden. Petersilienblätter abzupfen und hacken.

3 ½ El Öl in einem Topf erhitzen. Möhren zugeben, 2 Min. dünsten, salzen und pfeffern. Mit Orangensaft ablöschen und zugedeckt bei mittlerer Hitze 5 Min. garen. Essig mit 2 El Wasser, Salz, Pfeffer und 1 Prise Zucker verrühren. 2½ El Rapsöl nach und nach einrühren. Petersilie untermischen.

4 Linsen über einem Sieb abgießen und kurz mit kaltem Wasser abspülen. Linsen, Orangen-Möhren, Sellerie und Radicchio mit der Vinaigrette mischen und evtl. mit Salz und Pfeffer nachwürzen. Linsen-Gemüse-Salat mit Ziegenfrischkäse servieren.

PRO PORTION 14 g E, 17 g F, 35 g KH = 363 kcal (1522 kJ)

Raffinierter Mix aus Gemüse,
Salat und Linsen. Der Ziegenfrischkäse
sorgt für das „Mmh"

Lässt sich prima vorbereiten, denn die Schwarzwurzeln in Senf-Vinaigrette müssen durchziehen. Verschärft!

Schwarzwurzelsalat

FÜR 2 Portionen • **ZUBEREITUNGSZEIT** 40 Minuten • **PLUS MARINIERZEIT**

1 **3 El Weißweinessig**, **1 El Mehl** und 1 l Wasser verrühren. **500 g Schwarzwurzeln** waschen, schälen und beide Enden abschneiden. Wurzeln erneut waschen, in 3 cm lange Stücke schneiden und ins Essigwasser legen, damit sie sich nicht verfärben. 2 1 l Salzwasser aufkochen, abgetropfte Schwarzwurzeln zugeben und zugedeckt bei milder Hitze 20–25 Min. bissfest kochen. 3 **1 Zwiebel** fein würfeln und in **3 El heißem Rapskernöl** glasig braten. **100 ml Gemüsebrühe** und **3 El Weißweinessig** zugeben und zugedeckt bei milder Hitze 5 Min. köcheln lassen. **2 El Senf** unterrühren, kräftig salzen und pfeffern. Schwarzwurzeln abgießen, abtropfen lassen, mit der heißen Marinade mischen und mind. 1 Std. abgedeckt marinieren. 4 **½ Radicchio** putzen, aufblättern und mundgerecht zerzupfen. Unter die Schwarzwurzeln heben.

PRO PORTION 3 g E, 16 g F, 5 g KH = 191 kcal (798 kJ)

Rote-Bete-Salat

FÜR 4 Portionen • **ZUBEREITUNGSZEIT** 25 Minuten plus Garzeit

1 **500 g Rote Bete** waschen, in kochendem Salzwasser zugedeckt bei mittlerer Hitze 35–40 Min. garen. Dann abgießen, abschrecken und etwas abkühlen lassen. **2** **1 Römersalatherz** putzen und in mundgerechte Stücke zerpflücken. **1 Schalotte** fein würfeln, mit **2 El Zitronensaft**, 2 El Wasser, etwas **Salz**, **Pfeffer**, **1 Prise Zucker** und **½ Tl mittelscharfem Senf** verrühren. **4 El Öl** unterrühren. **2 rotbackige Äpfel** vierteln, entkernen und in dünne Spalten schneiden, sofort mit dem Dressing mischen. **3** **35 g Haselnussblättchen** in einer Pfanne ohne Fett anrösten, abkühlen lassen. Rote Bete schälen, dabei am besten Einweghandschuhe anziehen. Rote Bete in dünne Spalten schneiden. **100 g Schmand** glatt rühren. Rote Bete mit dem Römersalat auf Tellern anrichten, Apfelspalten und Dressing darüber verteilen. Mit Kresse von **1 Beet Gartenkresse** und Nussblättchen bestreuen und mit Schmand beträufelt servieren.

PRO PORTION 4 g E, 21 g F, 24 g KH = 315 kcal (1316 kJ)

Knackfrischer Starter, leicht verschärft mit Senf-Vinaigrette und Kresse

SUPPEN

Mit diesen Suppen kommen Sie garantiert nicht ins Schwitzen. Probieren Sie u. a. Spargel-Basilikum-Suppe, Asia-Gemüseeintopf, Linsen-Möhren-Suppe oder eine bunte Winter-Minestrone.

KÜRBIS-SPINAT-EINTOPF
mit Rauchmandeln, Ingwer und Zitrone

→ Rezept auf Seite 97

Spargel-Basilikum-Suppe

FÜR 4 Portionen • **ZUBEREITUNGSZEIT** 45 Minuten

1 **1 kg weißen Spargel** schälen, Enden abschneiden. Schalen, Enden, 800 ml kaltes Wasser mit **1 Tl Salz** in einem Topf zugedeckt aufkochen. 20 Min. bei milder Hitze kochen lassen. **2** Spargelköpfe 4 cm lang schräg abschneiden, längs halbieren und abgedeckt beiseitestellen. Stangen in 2 cm lange Stücke schneiden. Spargelsud durch ein Sieb in einen Messbecher gießen und mit **250–300 ml Milch** auf 1 l auffüllen. **3** **30 g Butter** in einem Topf zerlassen. **2 El Mehl** unterrühren. Erst die Spargelsud-Milch-Mischung, dann die Spargelstücke zugeben, unter Rühren aufkochen. Zugedeckt bei milder Hitze 15 Min. kochen. Suppe mit dem Schneidstab fein pürieren, salzen. **4** **125 g Kirschtomaten** halbieren. **25 g Pinienkerne** in einer Pfanne ohne Fett bei mittlerer Hitze goldbraun rösten und beiseitestellen. **20 g Butter** und **1 El Öl** in der Pfanne erhitzen, Spargelköpfe darin bei mittlerer Hitze 5 Min. braten, dabei mit etwas **Salz** und **2 Prisen Zucker** würzen. Tomatenhälften 2–3 Min. mitbraten. **5** Suppe erhitzen. Blättchen von **3 Stielen Basilikum** grob schneiden und in der Suppe pürieren. Mit den Spargelköpfen, Tomaten und Pinienkernen anrichten.

PRO PORTION 8 g E, 18 g F, 15 g KH = 270 kcal (1128 kJ)

Italienischer Frühlingsanfang mit Tomaten und Pinienkernen in Spargelcreme. Grandioso!

Kalte Erbsen-Avocado-Suppe

FÜR 4 Portionen • **ZUBEREITUNGSZEIT** 30 Minuten plus Kühlzeit

1 **2 Zwiebeln** fein würfeln und in einem Topf in **2 El Öl** glasig dünsten. **200 g TK-Erbsen** zugeben und kurz mitdünsten. Mit **700 ml Gemüsebrühe** ablöschen. Mit **Salz** und **Chiliflocken** kräftig würzen, aufkochen und 10 Min. bei mittlerer Hitze köcheln lassen. Lauwarm abkühlen lassen. 2 Suppe mit dem Schneidstab fein pürieren und durch ein feines Sieb in eine Schüssel streichen. **1 reife Avocado** halbieren, den Kern entfernen und das Fruchtfleisch aus der Schale löffeln. Mit **2 El Limettensaft** mischen und in die Suppe geben. Erneut fein pürieren. Vollständig abkühlen lassen, mit **Salz** und **Limettensaft** abschmecken und 1 Std. kalt stellen. 3 **50 g Baguette** würfeln und in einer Pfanne mit **1 El Butter** und **1 El Öl** bei mittlerer Hitze goldbraun rösten. Blättchen von **10 Korianderstielen** abzupfen. Suppe mit Croûtons, Koriandergrün und einigen **Chiliflocken** servieren.

PRO PORTION 6 g E, 16 g F, 17 g KH = 256 kcal (1074 kJ)

Spitzenstarter für gute Laune: zum Mitnehmen einfach in Schraubdeckelgläser füllen

Wichtig: Endiviensalat erst kurz vor dem Servieren zugeben, sonst verliert er seine Farbe.

Endiviensuppe

FÜR 4 Portionen • **ZUBEREITUNGSZEIT** 35 Minuten

1 **2 Zwiebeln** würfeln, **400 g vorw. festkochende Kartoffeln** schälen und in kleine Stücke schneiden. **1 El Butter** in einem Topf erhitzen, Zwiebeln darin glasig dünsten. Kartoffeln zugeben und kurz mitdünsten, mit Salz und Pfeffer würzen. **700 ml Gemüsebrühe** zugießen und zugedeckt aufkochen. Kartoffeln bei mittlerer Hitze ca. 20 Min. weich kochen. 2 Inzwischen **2 Scheiben Graubrot** grob zerzupfen. **1 El Butter** in einer Pfanne erhitzen und die Brotstücke darin hellbraun rösten. Mit **1 Tl Honig** und **1 Prise Currypulver** würzen. Beiseitestellen. 3 **250 g Endiviensalat** putzen, waschen und trocken schleudern. Die Blätter in grobe Streifen schneiden. Endiviensalat zu den weich gekochten Kartoffeln geben und 3 Min. mitgaren. Alles mit dem Schneidstab fein pürieren und mit **50 ml Orangensaft** und Salz abschmecken. Mit den Brot-Croûtons servieren.

PRO PORTION 5 g E, 7 g F, 27 g KH = 194 kcal (810 kJ)

Blumenkohlsuppe

FÜR 4 Portionen • **ZUBEREITUNGSZEIT** 45 Minuten

1 **2 Zwiebeln** fein würfeln. **700 g Blumenkohl** putzen und in kleine Röschen teilen. **250 g Kartoffeln** schälen und grob würfeln. **2** **1 El Butter** in einem Topf zerlassen. Zwiebeln darin glasig dünsten. Blumenkohl und Kartoffeln zugeben, 2 Min. mitdünsten und salzen. 1 l Wasser und **200 ml Schlagsahne** zugießen, aufkochen und zugedeckt bei mittlerer Hitze 20 Min. garen.
3 Inzwischen die Nadeln von **2 Zweigen Rosmarin** und **2 El Rosinen** hacken. **2 El Olivenöl** in einer Pfanne erhitzen. **50 g Semmelbrösel** mit Rosmarin und Rosinen darin goldbraun rösten. Brösel mit Salz und **½ Tl getrockneten Chiliflocken** würzen. **4** Suppe mit dem Schneidstab fein pürieren. Mit Salz, Pfeffer, frisch geriebener **Muskatnuss** und **2–3 Tl Zitronensaft** würzen. Blumenkohlsuppe mit der Semmelbröselmischung bestreut und mit etwas **Olivenöl** beträufelt servieren.

PRO PORTION 6 g E, 29 g F, 27 g KH = 403 kcal (1690 kJ)

Brösel mit Rosmarin, Rosinen und Chiliflocken toppen die feine Blumenkohlcreme

Frühlings-Minestrone

FÜR 4 Portionen • **ZUBEREITUNGSZEIT** 45 Minuten

- **50 g kleine Nudeln**
- **1 Dose kleine weiße Bohnen (400 g Füllmenge)**
- **1 Zwiebel**
- **2 Möhren**
- **1 kleine Fenchelknolle**
- **250 g grüner Spargel**
- **2 Tomaten**
- **5 El Olivenöl**
- **1,25 l Gemüsebrühe**
- **Salz**
- **Pfeffer**
- **Zucker**
- **2 Lorbeerblätter**
- **1 Bund Basilikum**
- **1 Tl abgeriebene Bio-Zitronenschale**
- **2 El neutrales Öl**

1 Nudeln nach Packungsanweisung in reichlich kochendem Salzwasser garen, abgießen, abschrecken und abtropfen lassen. Bohnen abgießen, abspülen und abtropfen lassen.

2 Zwiebel in Streifen schneiden. Möhren schälen, längs halbieren und schräg in Scheiben schneiden. Fenchel putzen, halbieren, den Strunk keilförmig herausschneiden. Knolle in 1 cm breite Streifen schneiden. Vom Spargel die Enden 2 cm breit abschneiden. Stangen in 3 cm lange Stücke schneiden. Von den Tomaten den Stielansatz entfernen. Tomaten grob würfeln.

3 3 El Olivenöl in einem Topf erhitzen. Zwiebeln und Möhren darin bei mittlerer Hitze andünsten. Gemüsebrühe zugießen, aufkochen und mit Salz, Pfeffer, 1 Prise Zucker und den Lorbeerblättern würzen. Zugedeckt 5 Min. kochen. Tomaten, Fenchel und Spargel zugeben, aufkochen und weitere 8–10 Min. bei mittlerer Hitze zugedeckt kochen.

4 Inzwischen 20 g Basilikumblättchen und die Zitronenschale mit 2 El von der Suppenbrühe und dem neutralen Öl in einem hohen Gefäß fein pürieren. 2 El Olivenöl unterrühren. Nudeln und Bohnen in der Suppe erhitzen, evtl. nachwürzen. Mit dem Basilikumöl und einigen Basilikumblättchen servieren.

PRO PORTION 10 g E, 18 g F, 27 g KH = 326 kcal (1363 kJ)

Frisches Gemüse, Bohnen plus Nudeln macht gleich vier Leute löffelweise satt und glücklich

Tomaten-Orangen-Suppe

FÜR 4 Portionen • **ZUBEREITUNGSZEIT** 40 Minuten

1 **1 Zwiebel** und **1 Knoblauchzehe** fein hacken. **1 rote Chilischote** einritzen, entkernen und fein hacken. Von **1 Bio-Orange** die Schale abreiben und aus **1–2 Orangen** 120 ml Saft auspressen. **2** Zwiebeln, Knoblauch und Chili in **2 El heißem Olivenöl** andünsten. **2 El Tomatenmark** und **2 Tl Zucker** kurz mitdünsten. Orangensaft und -schale zugeben und etwas einkochen lassen. **2 Dosen geschälte Tomaten** (à 850 g EW), **1 Tl Salz** und **250 ml Gemüsebrühe** zugeben, aufkochen und zugedeckt bei mittlerer Hitze 20 Min. köcheln lassen. **3** **½ Ciabatta** (ca. 200 g) längs in dünne Scheiben schneiden, auf ein Blech legen. Unter dem heißen Backofengrill auf der 2. Schiene von oben 2–3 Min. goldbraun rösten. **8 Tl Basilikum Pesto** (Glas) auf den Brotstreifen verstreichen. Suppe fein pürieren. Mit Salz, Zucker und evtl. Pfeffer abschmecken, mit **2 El Olivenöl** beträufelt servieren. Mit den Pesto-Brotstreifen servieren.

PRO PORTION 11 g E, 17 g F, 45 g KH = 394 kcal (1653 kJ)

Mit frischem Orangensaft superfruchtig! Toll dazu: geröstetes Pesto-Brot

Spargel-Curry-Cremesuppe

FÜR 4 Portionen • **ZUBEREITUNGSZEIT** 30 Minuten

1 **1 kg weißen Spargel** schälen und die Enden abschneiden. Stangen in Scheiben schneiden. Die Köpfe längs halbieren und beiseitestellen. **2 Schalotten** und **1 geschälte Kartoffel** fein würfeln. Mit den Spargelstangen in **15 g Butter** andünsten. Mit **Salz** und **½ Tl Zucker** würzen. **1 Tl Currypulver** kurz mit andünsten. **750 ml Gemüsebrühe** und **250 ml Schlagsahne** angießen, aufkochen und zugedeckt bei mittlerer Hitze 20 Min. köcheln lassen. **2** **250 g grünen Spargel** im unteren Drittel schälen, die Enden abschneiden, Stangen in schräge Stücke schneiden, die Köpfe längs halbieren. Beides mit den weißen Spargelköpfen in **15 g Butter** 4–5 Min. anbraten, mit **Salz**, **Pfeffer** und **1 Prise Zucker** würzen, herausnehmen. **30 g Semmelbrösel** in **30 g zerlassener Butter** anrösten. Suppe mit dem Schneidstab sehr fein pürieren, mit dem grünen Spargel und den weißen Spargelspitzen erneut aufkochen. Mit **Salz**, **Pfeffer**, **Curry** und **1–2 Tl Zitronensaft** abschmecken. Mit den Bröseln und **4 El grob gehacktem Kerbel** bestreuen.

PRO PORTION 7 g E, 32 g F, 18 g KH = 400 kcal (1676 kJ)

GUT KOMBINIERT

Gastgeberfreundlich: Das Warming-up können Sie entspannt am Vortag kochen

Der Duft von ingwer, Sesamöl
und Koriander verleiht
dem Eintopf die exotische Note

Asia-Gemüsetopf

FÜR 2 Portionen • **ZUBEREITUNGSZEIT** 30 Minuten

- **30 g frischer Ingwer**
- **1 Knoblauchzehe**
- **½ rote Chilischote**
- **350 g Kohlrabi**
- **100 g Shiitake-Pilze**
- **100 g Zuckerschoten**
- **200 g Natur-Tofu**
- **1 El geröstetes Sesamöl**
- **1 El neutrales Öl**
- **4–5 El Sojasauce**
- **1 El Sesamsaat**
- **1 Limette**
- **½ Bund Koriandergrün**

Extra Würze!

Stellen Sie Würzzutaten wie Koriandergrün, Sesamsaat, Sojasauce und Bio-Limettenspalten ruhig in kleinen Schälchen auf den Tisch. So kann jeder seinen Gemüsetopf je nach Geschmack individuell nachwürzen. Wer kein Koriandergrün mag, ersetzt es einfach durch glatte Petersilie oder Basilikum.

1 Ingwer schälen und in feine Streifen schneiden. Knoblauch in feine Scheiben schneiden. Chili hacken. Kohlrabi putzen, halbieren und in ½ cm dicke Spalten schneiden. Von den Pilzen die Stiele abschneiden. Pilze je nach Größe halbieren. Zuckerschoten putzen und schräg halbieren. Tofu in 2 cm große Würfel schneiden.

2 Sesamöl und neutrales Öl in einem Topf erhitzen. Ingwer, Knoblauch und Chili darin bei mittlerer Hitze 4 Min. dünsten. Kohlrabi zugeben und kurz mitdünsten. 750 ml Wasser und 2 El Sojasauce zugießen, aufkochen und zugedeckt bei mittlerer Hitze 7 Min. kochen. Pilze, Zuckerschoten und Tofu zugeben und 5 Min. mitgaren.

3 Sesam in einer Pfanne ohne Fett hellbraun rösten. Asia-Eintopf mit der restlichen Sojasauce und einigen Spritzern Limettensaft würzen. Mit Sesam und Koriandergrün bestreut servieren.

PRO PORTION 23 g E, 21 g F, 20 g KH = 360 kcal (1510 kJ)

Buttermilch-Gurken-Kaltschale

FÜR 4 Portionen • **ZUBEREITUNGSZEIT** 20 Minuten • **PLUS KÜHLZEIT**

1 **1 Salatgurke** schälen, längs halbieren und entkernen. ¼ der Gurke nochmals längs halbieren, in dünne Scheiben schneiden und beiseitestellen. Restliche Gurke grob würfeln. **3 Frühlingszwiebeln** in Ringe schneiden, **1 Knoblauchzehe** pellen. Knoblauch, Frühlingszwiebeln (bis auf einige Ringe), grobe Gurkenstücke, **500 ml Buttermilch**, **100 g Schmand**, etwas **Salz**, **Pfeffer**, **2 El Zitronensaft** und **½ Tl Zucker** in einen Mixer geben. Blätter von **4 Stielen Basilikum** abzupfen, dazugeben und alles fein pürieren. Suppe evtl. nachwürzen. 2 Std. kalt stellen. 2 **125 g Baguette** längs in dünne Scheiben schneiden. **1 El Butter** und **2 El Öl** erhitzen, Brot darin von beiden Seiten goldbraun anbraten, mit etwas **grobem Meersalz** und **Chiliflocken** würzen. Suppe mit den Gurkenscheiben, Frühlingszwiebelringen und einigen **Basilikumblättern** anrichten. Mit den Baguettescheiben servieren.

PRO PORTION 9 g E, 15 g F, 27 g KH = 292 kcal (1220 kJ)

Gut gegen Hitzewelle! Lässt sich super vorbereiten und erfrischt sensationell

Kohlrabicremesuppe

FÜR 4 Portionen • **ZUBEREITUNGSZEIT** 35 Minuten

1 **2 Kohlrabi** (600 g, ohne Grün) putzen, schälen und in 2 cm große Stücke schneiden. **100 g neue Kartoffeln** schälen und ebenso groß würfeln. **2 Schalotten** (40 g) fein würfeln. **2** **20 g Butter** in einem Topf zerlassen, Schalotten darin bei milder Hitze glasig dünsten. Kohlrabi und Kartoffeln kurz mitdünsten. Mit **Salz** und **1 Prise Cayennepfeffer** würzen. **500 ml Gemüsebrühe** und **250 ml Milch** zufügen, zugedeckt aufkochen und bei milder Hitze 25 Min. kochen lassen. **3** **1 Brötchen** erst in 1 cm dicke Scheiben, dann in ebenso große Würfel schneiden. **1 El Butter** und **1 El Öl** in einer Pfanne erhitzen, Brötchenwürfel darin bei mittlerer Hitze knusprig rösten. Würfel auf Küchenpapier abtropfen lassen. **4** **100 ml Schlagsahne** zur Suppe geben, mit dem Schneidstab fein pürieren. Suppe evtl. nachwürzen und mit Croûtons und je **1 Tl geröstetem Kürbiskernöl** anrichten.

PRO PORTION 7 g E, 23 g F, 19 g KH = 318 kcal (1333 kJ)

GANZ FEIN

Croûtons und Kürbiskernöl verfeinern die cremige Suppe

Sommerlicher Gemüseeintopf

FÜR 2 Portionen • **ZUBEREITUNGSZEIT** 30 Minuten

- **200 g grüne Bohnen**
- **Salz**
- **4 Stangen Staudensellerie mit Grün**
- **200 g Zucchini**
- **1 Knoblauchzehe**
- **1 rote Chilischote**
- **100 g Kirschtomaten**
- **4 El Öl**
- **800 ml Gemüsebrühe**
- **10 Basilikumblätter**
- **20 g ital. Hartkäse (z. B. Grana Padano)**
- **2 Scheiben Low-Carb-Brot**

1 Bohnen putzen, schräg halbieren und in kochendem Salzwasser 7 Min. blanchieren, abgießen und abschrecken.

2 Staudensellerie putzen, die Blättchen beiseitelegen. Stangen 1 cm groß würfeln. Zucchini putzen und ebenfalls 1 cm groß würfeln. Knoblauchzehe andrücken, Chilischote längs einschneiden. Tomaten halbieren.

3 Öl in einem Topf erhitzen. Sellerie, Zucchini, Knoblauch und Chili darin 1 Min. andünsten. Brühe zugießen, salzen, aufkochen und alles bei mittlerer Hitze zugedeckt 5 Min. garen. Bohnen zugeben und 2 Min. mitgaren. Knoblauch und Chili entfernen. Eintopf mit Salz abschmecken. Tomaten zugeben und 1 Min. erwärmen.

4 Sellerieblättchen und Basilikum fein schneiden. Käse reiben, mit den Blättchen mischen und zum Eintopf servieren. Brot dazu reichen.

PRO PORTION 20 g E, 42 g F, 14 g KH = 545 kcal (2278 kJ)

So schmeckt der Sommer –
Löffel für Löffel herrlich herzhaft,
lecker und leicht

Reisnudelsuppe

FÜR 2 Portionen • **ZUBEREITUNGSZEIT** 40 Minuten

- **80 g Reisnudeln**
- **1 rote Chilischote**
- **8 Stiele Koriandergrün**
- **500 ml Gemüsebrühe**
- **100 ml Kokosmilch**
- **1 Knoblauchzehe**
- **150 g Champignons**
- **3 Frühlingszwiebeln**
- **1–2 El Sojasauce**
- **1–2 El Limettensaft**
- **Salz**

Reisnudeln

Hergestellt aus Reismehl und Wasser, werden sie vor allem für Suppen oder auch als Bratnudeln verwendet. Es gibt sie von suppennudeldünn bis bandnudelbreit. Sie werden mit kochendem Wasser überbrüht oder kurz gekocht.

1 Reisnudeln in einer Schüssel mit kochendem Wasser übergießen und nach Packungsanweisung gar ziehen lassen.

2 Inzwischen die Chilischote längs einschneiden. Die Stiele vom Koriandergrün abschneiden und mit Küchengarn zusammenbinden. Alles mit Brühe, Kokosmilch und angedrückter Knoblauchzehe in einem Topf aufkochen und zugedeckt bei milder Hitze 10 Min. ziehen lassen.

3 Pilze putzen und halbieren. Frühlingszwiebeln putzen, das Weiße und Hellgrüne in Ringe schneiden. Chili, Korianderstiele und Knoblauch aus der Brühe nehmen und die Brühe mit Sojasauce würzen. Pilze und Zwiebeln zugeben und bei mittlerer Hitze 5–8 Min. garen. Nudeln abgießen und gut abtropfen lassen. Mit einer Schere in etwas kürzere Stücke schneiden und in die Brühe geben.

4 Die Suppe mit etwas Limettensaft und Salz abschmecken, mit Korianderblättchen bestreut servieren.

PRO PORTION 6 g E, 9 g F, 39 g KH = 275 kcal (1150 kJ)

Die frisch-würzige Kokossuppe mit Pilzen schmeckt in Asien von früh bis spät. Uns auch!

HEISS ODER KALT

Der Sommersuppenhit schlechthin: Tomaten satt mit Büffelmozzarella. Schmeckt auch eisgekühlt!

Büffelmozzarella …

… ist hier das Salz in der Suppe. Der traditionell aus Büffelmilch hergestellte Brühkäse ist cremiger und aromatischer als der aus Kuhmilch. Wer keinen bekommt, nimmt die milde Kuhmilch-Alternative.

Tomatensuppe alla caprese

FÜR 2 Personen • **ZUBEREITUNGSZEIT** 35 Minuten

- **1 kg Tomaten**
- **2 El Öl**
- **½ Kugel Büffelmozzarella (ca. 60 g)**
- **1 Zwiebel**
- **Salz**
- **1 Prise Zucker**
- **Pfeffer**
- **½ – 1 El Weißweinessig**
- **etwas Olivenöl**
- **2 Stiele Basilikum**

1 Von den Tomaten den Stielansatz entfernen. Tomaten halbieren. Ein Backblech mit 1 El Öl einstreichen und die Tomaten mit den Schnittflächen nach unten daraufsetzen. Im heißen Ofen bei 200 Grad (Umluft 180 Grad) auf der mittleren Schiene 20 Min. garen.

2 Den Büffelmozzarella mit Küchenpapier trocken tupfen und klein würfeln. Zwiebel fein würfeln.

3 Von den gegarten Tomaten die Haut abziehen. Zwiebeln in einem Topf mit 1 El Öl glasig dünsten, Tomatenfleisch und 100 ml Wasser zugeben. Aufkochen und mit dem Schneidstab fein pürieren.
Mit Salz, 1 Prise Zucker, Pfeffer und ½–1 El Weißweinessig würzen.

4 Tomatensuppe in tiefe Teller füllen, Mozzarella zugeben. Mit etwas Olivenöl beträufeln und mit den Blättern von den Basilikumstielen bestreut servieren.

PRO PORTION 10 g E, 20 g F, 16 g KH = 297 kcal (1238 kJ)

LÄSSIG LÖFFELN

Praktisch! Die Croûtons können Sie am Vortag rösten, die Suppe ist ratzfatz gemixt

Erbsen-Minz-Suppe

FÜR 8 Portionen • **ZUBEREITUNGSZEIT** 35 Minuten

1 **2 Zwiebeln** würfeln. **120 g Kartoffeln** schälen und würfeln. **3 El Öl** in einem Topf erhitzen. Zwiebeln und Kartoffeln darin andünsten. **500 g TK-Erbsen** zugeben und kurz mitdünsten. Mit **500 ml Gemüsebrühe** und **250 ml Schlagsahne** aufgießen, aufkochen lassen. Mit **Salz** würzen und zugedeckt bei milder Hitze 15 Min. köcheln lassen. 2 **100 g TK-Erbsen** in einem Sieb mit kochendem Wasser (z. B. aus dem Wasserkocher) übergießen, abschrecken und abtropfen lassen. **1 altbackenes Brötchen** würfeln und in einer Pfanne mit **2 El Butter** bei mittlerer Hitze goldgelb rösten. 3 Die Blättchen von **4 Stielen Minze** in die Suppe geben und alles mit dem Schneidstab gründlich pürieren. Anschließend durch ein feines Sieb gießen und wieder in den Topf geben. Erhitzen, mit **Salz** und etwas **Tabasco** abschmecken, erneut kurz durchpürieren. In kleine Suppenschälchen füllen und mit den Erbsen, Croûtons und einigen **Minzblättchen** anrichten.

PRO PORTION 7 g E, 17 g F, 16 g KH = 254 kcal (1064 kJ)

Sellerie-Cremesuppe

FÜR 4 Portionen • **ZUBEREITUNGSZEIT** 40 Minuten

1 **800 g Knollensellerie** putzen, 50 g des Selleries in hauchdünne Scheiben hobeln oder schneiden. Restlichen Sellerie würfeln. **200 g Kartoffeln** und **1 Zwiebel** würfeln. Sellerie-, Kartoffel- und Zwiebelwürfel in **20 g zerlassener Butter** andünsten. Mit **Salz**, **Pfeffer**, **½ Tl getrocknetem Estragon** und etwas **Cayennepfeffer** würzen. **1 l Gemüsebrühe** angießen, aufkochen und zugedeckt bei mittlerer Hitze 20 Min. garen. **2** **200 ml Öl** (bis auf 3 El) in einen kleinen Topf geben, sodass es ca. 2 cm hoch steht. Öl auf ca. 170 Grad erhitzen. Selleriescheiben darin in 2 Portionen bei mittlerer bis starker Hitze goldgelb backen, auf Küchenpapier abtropfen lassen und salzen. Die Blättchen von **6 Stielen glatter Petersilie** abzupfen, mit **4 El Öl** fein pürieren. **3** Suppe mit **50 g Crème fraîche** sehr fein pürieren, mit **Salz**, **Cayennepfeffer** und **1–2 Tl Zitronensaft** abschmecken, mit dem Petersilienöl und Sellerie-Chips anrichten.

PRO PORTION 4 g E, 28 g F, 11 g KH = 322 kcal (1345 kJ)

Frittierte Sellerie-Chips und Petersilienöl sind der Clou auf dem Starter-Süppchen

Geröstet schmecken die Pumpernickelbrösel wunderbar süßlich

ZUM SATT-LÖFFELN

Lauchsuppe

FÜR 2–4 Portionen • **ZUBEREITUNGSZEIT** 35 Minuten

1 **2 Stangen Lauch** putzen (geputzt 700 g) und in 1 cm große Stücke schneiden. **150 g Kartoffeln** schälen und würfeln. **2** **1 El Butter** in einem Topf schmelzen. Lauch und Kartoffeln darin bei mittlerer Hitze 5 Min. dünsten. **750 ml Gemüsebrühe** zugießen, aufkochen und zugedeckt 20 Min. garen. **3** Inzwischen **60 g Pumpernickel** klein zerbröseln. **1 Apfel** vierteln, entkernen und fein würfeln. Äpfel mit **1 El Zitronensaft** mischen. **1 El Butter** in einer Pfanne schmelzen. Pumpernickel darin bei mittlerer Hitze 5 Min. braten und leicht salzen. **4** Suppe mit dem Schneidstab fein pürieren. **2 El Crème fraîche** unterrühren. Mit Salz, Pfeffer, frisch geriebener **Muskatnuss** und einigen Spritzern **Zitronensaft** würzen. Pumpernickel mit Äpfeln mischen, auf die Suppe streuen und sofort servieren.

PRO PORTION (BEI 4) 4 g E, 10 g F, 21 g KH = 200 kcal (830 kJ)

Linsen-Blumenkohl-Suppe

FÜR 2 Portionen • **ZUBEREITUNGSZEIT** 35 Minuten

1 **400 g Blumenkohl** putzen, in Röschen teilen und je nach Größe halbieren oder vierteln. **15 g frischen Ingwer** schälen. **1 Zwiebel** fein würfeln, **1 Knoblauchzehe** und den Ingwer sehr fein hacken. 2 **1 El Öl** in einem Topf erhitzen, Zwiebeln, Knoblauch und Ingwer darin bei mittlerer Hitze glasig dünsten. Blumenkohl, **100 g gelbe Linsen** und **½ Tl scharfes Currypulver** zugeben, kurz mitdünsten. 3 **600 ml Gemüsebrühe** und **75 ml Schlagsahne** zugießen, mit **Salz** würzen und aufkochen. Zugedeckt bei mittlerer Hitze 5 Min. garen. 4 Inzwischen **2 Tomaten** auf einer Vierkantreibe so reiben, dass die Haut übrig bleibt. **1 Orange** auspressen. Geriebene Tomaten und 100 ml Orangensaft in die Suppe geben, weitere 8–10 Min. garen. Mit **Salz** und **1 Prise Zucker** abschmecken und mit einigen **Minzblättchen** bestreut servieren.

PRO PORTION 18 g E, 18 g F, 36 g KH = 392 kcal (1640 kJ)

Leicht indisch, herrlich würzig! Schmeckt auch mit roten Linsen

Linsen-Curry-Eintopf

FÜR 2 Portionen • **ZUBEREITUNGSZEIT** 35 Minuten

1 **1 Zucchini** putzen, längs vierteln und die Kerne abschneiden. **3 Möhren** schälen. Beides schräg in 1 cm breite Stücke schneiden. **1 Zwiebel** würfeln. **10 g frischen Ingwer** und **1 kleine Knoblauchzehe** schälen, fein hacken. Blättchen von **1 Bund Koriandergrün** von den Stielen zupfen, kalt stellen. Stiele mit Küchengarn zusammenbinden. **2** **2 El Öl** in einem Topf erhitzen. Möhren und Zucchini darin andünsten. Zwiebel, Ingwer und Knoblauch kurz mitdünsten. **½–1 Tl scharfes Currypulver** und Korianderstiele unterrühren. Mit **600 ml Gemüsebrühe** ablöschen, mit **Salz** würzen und zugedeckt aufkochen. Bei mittlerer Hitze 5 Min. garen. **150 g rote Linsen** zugeben und weitere 5–7 Min. garen. **3** Inzwischen ⅔ der Korianderblättchen fein hacken und mit **150 g Sahnejoghurt** verrühren. **4** Korianderstiele aus dem Eintopf nehmen. Mit Salz und evtl. Currypulver abschmecken. Mit Korianderblättchen anrichten. Mit dem Joghurt servieren.

PRO PORTION 12 g E, 18 g F, 20 g KH = 316 kcal (1326 kJ)

Verschärft frisch mit Möhren, Zucchini und Ingwer. On top gibt's Koriander und Joghurt

Kartoffelsuppe

FÜR 6 Portionen • **ZUBEREITUNGSZEIT** 40 Minuten

1 **1 Gemüsezwiebel** (ca. 300 g) fein würfeln. **800 g Kartoffeln** (vorwiegend festkochend) schälen und würfeln. **2 El Butter** zerlassen, Zwiebeln und Kartoffeln darin andünsten. Mit Salz und Pfeffer würzen. **1,3 l Gemüsebrühe** und **200 ml Schlagsahne** zugießen, **2 Lorbeerblätter** und **2 Majoranstiele** zugeben, aufkochen und zugedeckt bei mittlerer Hitze 25 Min. garen.

2 **1 Süßkartoffel** (ca. 300 g) schälen, sehr fein würfeln. **1 El Öl** und **2 El Butter** in einer Pfanne erhitzen. Süßkartoffelwürfel darin bei mittlerer Hitze 10–12 Min. braten. Blätter von **3 Stielen Majoran** abzupfen und hacken. Zu den Süßkartoffeln geben, mit Salz, Pfeffer und **1 Msp. Chiliflocken** würzen.

3 Lorbeer und Majoran aus der Suppe entfernen, Suppe mit dem Schneidstab sehr fein pürieren. Mit Salz, Pfeffer und **Muskat** würzen. Mit den Süßkartoffelwürfeln anrichten, mit einigen **Majoranblättchen** garnieren.

PRO PORTION 5 g E, 21 g F, 32 g KH = 344 kcal (1442 kJ)

Mit gebratener Süßkartoffel
und Majoran on top
eine Sensation zum Löffeln

DIALOG DER KNOLLEN

DER HERBST IST BUNT

Rauchmandeln, Petersilie, Ingwer und Zitrone toppen den Gemüseeintopf fantastisch frisch.

Kürbis-Spinat-Eintopf

FÜR 2–3 Portionen
ZUBEREITUNGSZEIT 45 Minuten

1 **2 Zwiebeln** und **1 Knoblauchzehe** fein würfeln. **400 g Hokkaido-Kürbis** putzen und die Kerne mithilfe eines Löffels herauskratzen. **400 g Kartoffeln** schälen. Kürbis und Kartoffeln in 2 cm große Stücke schneiden. **150 g TK-Blattspinat** (aufgetaut) kräftig ausdrücken. **2** **1 El Öl** und **½ El Butter** in einem Topf erhitzen. Zwiebeln und Knoblauch darin bei mittlerer Hitze 2 Min. dünsten. Kürbis und Kartoffeln zugeben und 4 Min. mitdünsten. **500 ml Gemüsebrühe** zugießen, zugedeckt aufkochen und bei mittlerer Hitze 20 Min. garen. **3** Inzwischen **½ rote Chilischote** fein schneiden. Blätter von **4 Stielen glatter Petersilie** abzupfen und hacken. **30 g Rauchmandeln** (oder gesalzene Mandeln)hacken. Chili, Petersilie und Mandeln mit **1 Tl fein abgeriebener Bio-Zitronenschale** mischen. **4** Spinat zum Eintopf geben, kurz erwärmen, mit Salz, Pfeffer, 1 Prise Zucker und **1 Msp. Zimtpulver** würzen. Mit Petersilien-Mandel-Mischung bestreut servieren.

PRO PORTION (BEI 3)
8 g E, 11 g F, 25 g KH = 242 kcal (1012 kJ)

Petersilien-Rahm-Suppe

FÜR 4 Portionen • **ZUBEREITUNGSZEIT** 40 Minuten

1 **350 g Kartoffeln** schälen, waschen und klein würfeln. **2 Schalotten** fein würfeln. **1 El Butter** in einem Topf zerlassen und die Schalotten darin glasig dünsten. Kartoffeln zugeben und 2 Min. mitdünsten. **500 ml Gemüsebrühe** und **350 ml Milch** zugeben, zugedeckt aufkochen und bei milder Hitze 15–20 Min. weich garen. **2** Blättchen von **1 Bund Petersilie** abzupfen. Bis auf ein paar Blättchen die Petersilie in die Suppe geben und mit einem Schneidstab fein pürieren. Suppe mit **Salz**, **Pfeffer**, frisch geriebener **Muskatnuss** und **1 Spritzer Zitronensaft** abschmecken und warm halten. **3** **250 g Champignons** putzen und je nach Größe halbieren oder vierteln. Pilze in **2 El Öl** 5 Min. braten, dabei gelegentlich wenden. Pilze salzen und pfeffern. **4** **100 ml Schlagsahne** steif schlagen und mit dem Schneidstab unter die Suppe pürieren. Suppe auf 4 Teller verteilen und mit Pilzen und Petersilie bestreut servieren.

PRO PORTION 7 g E, 19 g F, 16 g KH = 272 kcal (1137 kJ)

WOHLIG

Die feine Suppe mit Petersilie und gebratenen Champignons wärmt Ihre Gäste lecker auf

Linsen-Möhren-Suppe

FÜR 4 Portionen • **ZUBEREITUNGSZEIT** 35 Minuten

1 **500 g Möhren** schälen, der Länge nach halbieren und in 1 cm breite Stücke schneiden. **20 g frischen Ingwer** dünn schälen, fein hacken. **1 Schalotte** fein würfeln. **20 g Butter** in einem Topf bei mittlerer Hitze zerlassen, Schalotten darin 5 Min. glasig dünsten. Ingwer und Möhren zugeben und unter Rühren 2 Min. mitdünsten. **2** **120 g rote Linsen** unterrühren. **1 l heiße Gemüsebrühe** zugeben, zugedeckt aufkochen und bei milder Hitze 20 Min. kochen lassen. Blättchen von **3 Stielen Petersilie** abzupfen und hacken. Suppe mit dem Schneidstab fein pürieren und mit **Salz** abschmecken. Suppe warm halten. **3** **2 Scheiben Toastbrot** erst in 1,5 cm breite Streifen schneiden, dann ebenso groß würfeln. **20 g Butter** und **2 El neutrales Öl** in einer Pfanne erhitzen. Croûtons darin knusprig braten und mit etwas **Cayennepfeffer** würzen. Suppe mit Croûtons und Petersilie bestreut anrichten.

PRO PORTION 9 g E, 15 g F, 31 g KH = 302 kcal (1267 kJ)

Warming-up: feincremige Suppe mit intensivem Aroma und zartem Crunch

Winter-Minestrone

FÜR 4 Portionen • **ZUBEREITUNGSZEIT** 40 Minuten

- **2 Zwiebeln**
- **2 Knoblauchzehen**
- **200 g Staudensellerie mit Grün**
- **6 El Olivenöl**
- **2 Tl Tomatenmark**
- **1–2 Tl Zucker**
- **1 Pk. stückige Tomaten (400 g EW)**
- **½ Tl getrockneter Oregano**
- **Salz**
- **Pfeffer**
- **80 g Langkornreis**
- **1 Dose weiße Bohnenkerne (425 g EW)**
- **150 g Kirschtomaten**
- **½ Bund glatte Petersilie**
- **40 g italienischer Hartkäse**

1 Zwiebeln und Knoblauch fein würfeln. Staudensellerie putzen, das Grün beiseitelegen, die Stangen in dünne Scheiben schneiden. Alles in 3 El heißem Öl in einem Topf andünsten. Tomatenmark und 1 Tl Zucker zugeben, kurz mitrösten. Tomatenstücke, Oregano und 500 ml Wasser zugeben, salzen, pfeffern und aufkochen. Zugedeckt 20 Min. garen.

2 Reis nach Packungsanweisung in Salzwasser garen, abgießen. Bohnen abgießen, mit kaltem Wasser abspülen, 5 Min. vor Ende der Garzeit zum Eintopf geben. Kirschtomaten halbieren, zum Eintopf geben, bei milder Hitze weitere 3 Min. ziehen lassen. Petersilie abzupfen, mit dem Selleriegrün hacken. Käse reiben. Eintopf evtl. nachwürzen. Mit Kräutern und Parmesan bestreut und restlichem Olivenöl beträufelt servieren.

PRO PORTION 11 g E, 18 g F, 32 g KH = 351 kcal (1470 kJ)

Vom Staudensellerie nur die hellen inneren Stangen und das helle Grün als Suppeneinlage verwenden. Das dunkle Äußere eignet sich aber hervorragend als geschmacksgebende Zutat für Brühe (nach dem Kochen entfernen).

SONNEN-SCHEIN

Bohnen, Sellerie, Tomaten, Reis, mit Petersilie und Käse – so schmeckt der Winter!

Linsen-Curry-Eintopf

FÜR 2 Portionen • **ZUBEREITUNGSZEIT** 40 Minuten

1 **2 Zwiebeln** und **1 Knoblauchzehe** fein würfeln. **200 g Kartoffeln**, **150 g Möhren** und **150 g Knollensellerie** schälen und mit **150 g geputztem Lauch** 1½ cm groß würfeln. Von **200 g Tomaten** den Stielansatz entfernen. Tomaten grob würfeln. **20 g getrocknete Pflaumen** fein würfeln. 2 **1 El Olivenöl** in einem Topf erhitzen. Zwiebeln und Knoblauch darin 2 Min. dünsten. **60 g Tellerlinsen**, **1–2 Tl mildes Currypulver** und **1 Tl Tomatenmark** zugeben und unter Rühren kurz mitdünsten. 700 ml Wasser zugießen, aufkochen und zugedeckt bei mittlerer Hitze 10 Min. kochen. 3 Kartoffeln, Möhren, Sellerie und Lauch zugeben, mit **Salz** und **Pfeffer** würzen und 20 Min. garen. Tomaten und Pflaumen untermischen und weitere 5 Min. garen. Evtl. mit Salz und Pfeffer nachwürzen. Mit **150 g Naturjoghurt** (3,5 % Fett) und **2 El gehackter Petersilie** servieren.

PRO PORTION 15 g E, 9 g F, 45 g KH = 340 kcal (1423 kJ)

Ab in den Orient: Linsen und Kartoffeln raffiniert gewürzt mit Pflaumen und Curry

Croûtons und Kürbiskernöl sind das Top-Topping-Duo auf feiner Kürbissuppe

Kürbissuppe

FÜR 2 Portionen • **ZUBEREITUNGSZEIT** 35 Minuten

1 **1 Zwiebel** fein würfeln. **600 g Hokkaido-Kürbis** waschen, putzen und die Kerne mit einem Löffel entfernen. Kürbis grob würfeln. **2 Tl Butter** zerlassen, Zwiebeln und Kürbis darin andünsten. Mit Salz, Pfeffer, **1 Msp. Cayennepfeffer** und **½ Tl getrocknetem Thymian** würzen.
2 300 ml Wasser und **200 ml fettarme Milch** zugießen und aufkochen. Zugedeckt bei mittlerer Hitze 20 Min. kochen lassen. **1 Scheibe Toastbrot** fein würfeln. **2 Tl Butter** in einer beschichteten Pfanne erhitzen. Brotwürfel darin goldbraun anbraten. 3 Suppe fein pürieren, mit Salz, Pfeffer und **1–2 Tl Zitronensaft** abschmecken. Mit den Croûtons und je **1 Tl Kürbiskernöl** beträufelt servieren.

PRO PORTION 7 g E, 17 g F, 21 g KH = 276 kcal (1160 kJ)

Schwarzwurzelcremesuppe

FÜR 2 Portionen • **ZUBEREITUNGSZEIT** 45 Minuten

1 **3 El Weißweinessig**, **1 El Mehl** und 1 l Wasser verrühren. **250 g Schwarzwurzeln** waschen, schälen und beide Enden abschneiden. Wurzeln erneut waschen, in 3 cm lange Stücke schneiden. Ins Essigwasser legen, damit sie sich nicht verfärben. 2 **1 kleine Zwiebel** würfeln, in **20 g Butter** und **1 El Öl** glasig dünsten. Abgetropfte Schwarzwurzeln zugeben und 3 Min. mitdünsten, salzen und pfeffern. **200 ml Milch** und 400 ml Wasser zugeben, zugedeckt aufkochen und bei milder Hitze 30 Min. köcheln lassen.
3 **100 ml Schlagsahne** steif schlagen. Suppe mit dem Schneidstab pürieren, evtl. nachwürzen und mit **1 Spritzer Zitronensaft** abschmecken. Sahne unterpürieren und mit abgeschnittenen Blättchen von **½ Beet Gartenkresse** anrichten. Dazu passen Räucherlachs oder klein geschnittene Landjäger.

PRO PORTION 6 g E, 33 g F, 9 g KH = 356 kcal (1489 kJ)

FÜR KALTE TAGE

Zwiebeln, Milch, Schlagsahne und etwas Zitrone machen Schwarzwurzeln ganz einfach zur Crème de la Crème

Pastinakensuppe mit Curryöl

FÜR 2 Portionen • **ZUBEREITUNGSZEIT** 35 Minuten

1 **200 g mehligkochende Kartoffeln** schälen. **400 g Pastinaken** putzen und schälen. Beides grob würfeln. **1 Zwiebel** würfeln. Zwiebeln in einem Topf mit **1 El Butter** bei milder Hitze 5 Min. glasig dünsten. 2 Kartoffeln und Pastinaken zugeben und 3–4 Min. mitdünsten. Mit **50 ml Weißwein** ablöschen und **1 l heiße Gemüsebrühe** angießen. 20–25 Min. zugedeckt bei mittlerer Hitze weich garen. 3 **100 ml Schlagsahne** zugeben und alles mit dem Schneidstab fein pürieren. Mit **Salz** abschmecken. 4 **El Öl** mit **½ El scharfem Currypulver** verrühren. Suppe mit Curryöl servieren. Dazu passt Baguette oder Fladenbrot.

PRO PORTION 6 g E, 43 g F, 35 g KH = 568 kcal (2375 kJ)

Unser vegetarischer Löffelhit mit Kartoffeln und Sahne – zum Schwachwerden cremig!

GUTES AUS TOPF UND PFANNE

Leckere Hauptgerichte, die so abwechslungsreich sind, dass Sie nicht genug davon bekommen können. Versuchen Sie zum Beispiel Tomaten-Risotto, Pfannkuchen-Sushi, Avocado-French-Toast oder Auberginen-Reis-Pfanne.

GEMÜSE-TORTILLA
einfach, praktisch und am besten lauwarm genießen.

→ Rezept auf Seite 160

Spargel-Omelett

FÜR 2 Portionen • **ZUBEREITUNGSZEIT** 25 Minuten

- **500 g grüner Spargel**
- **250 g Broccoli**
- **1 rote Zwiebel**
- **3 El Öl**
- **Salz**
- **4 Eier (Kl. L)**
- **60 g cremiger Schafskäse**

Neues vom Schaf

Unsere Neuentdeckung im Supermarkt: Jetzt gibt es im Kühlregal cremigen Schafskäse aus Deutschland. Der schmeckt auch in Salaten und auf Fladenbrot superlecker.

1 Spargel im unteren Drittel schälen, Enden abschneiden. Stangen in 4 cm lange Stücke schneiden. Broccoli putzen, in 3 cm lange Röschen schneiden und je nach Größe halbieren oder vierteln. Broccolistiel schälen, längs vierteln und in 4 cm lange Stücke schneiden. Zwiebel längs halbieren und quer in schmale Halbringe schneiden.

2 2 El Öl in einer beschichteten Pfanne (ca. 24 cm Ø) erhitzen. Spargel und Broccolistiele darin bei starker Hitze 5 Min. unter Rühren braten, dabei salzen. Herausnehmen. Restliches Öl in die Pfanne geben, Broccoliröschen und Zwiebeln ebenso 3 Min. braten, salzen. Spargel und Broccolistiele untermischen.

3 Eier verquirlen und sorgfältig über dem Gemüse verteilen. Schafskäse dazwischenkrümeln. Omelett bei milder Hitze 8–10 Min. stocken lassen.

PRO PORTION 25 g E, 33 g F, 9 g KH = 446 kcal (1864 kJ)

Stampf mit Kartoffeln, gebratenen Zwiebeln on top und Ei – ein wahres Wohlfühlgericht!

Rote-Bete-Stampf mit Ei

FÜR 2 Portionen • **ZUBEREITUNGSZEIT** 40 Minuten

1 **250 g vorwiegend festkochende Kartoffeln** und **250 g Rote Bete** schälen. Kartoffeln vierteln. Rote Bete halbieren und in Scheiben schneiden. In einem Topf mit Salzwasser bedeckt aufkochen und zugedeckt bei mittlerer Hitze 20 Min. garen. 2 Inzwischen **2 Zwiebeln** in Ringe schneiden. In einer Pfanne mit **1 El Butter** und **1 El Öl** andünsten und bei mittlerer bis starker Hitze goldbraun braten. Aus der Pfanne nehmen und beiseitestellen. 3 **2 El Öl** in einer beschichteten Pfanne erhitzen. **4 Eier** (Kl. M) in die Pfanne schlagen, salzen und bei mittlerer Hitze zu Spiegeleiern braten. 4 Inzwischen das Gemüse abgießen, **1 El Butter** zugeben und alles mit einem Kartoffelstampfer grob zerstampfen. Mit **Salz**, **Pfeffer** und frisch geriebener **Muskatnuss** abschmecken. Mit den Zwiebeln und Spiegeleiern anrichten und mit **Pfeffer** bestreut servieren.

PRO PORTION 18 g E, 38 g F, 28 g KH = 540 kcal (2260 kJ)

Gebratene Kirschtomaten und ein Rest Tomaten-Pesto machen aus Risotto den Renner

Tomaten-Risotto

FÜR 2 Portionen • **ZUBEREITUNGSZEIT** 35 Minuten

1 **1 Zwiebel** fein würfeln und in **1 El heißem Öl** bei mittlerer Hitze glasig dünsten. **125 g Risotto-Reis** unterrühren. Mit **100 ml trockenem Weißwein** ablöschen und unter gelegentlichem Rühren verdampfen lassen. 2 Nach und nach **500 ml heiße Gemüsebrühe** zugeben, dabei immer wieder umrühren. Risotto nach Packungsanweisung garen. Inzwischen **150 g Kirschtomaten** in einer kleinen beschichteten Pfanne in **1 El heißem Olivenöl** bei mittlerer bis starker Hitze braten, bis die Tomaten aufplatzen. Tomaten leicht salzen. 3 Kurz vor Ende der Risotto-Garzeit **2–3 El Tomaten-Pesto** (Glas) unterrühren und den Risotto mit **Salz** und **Pfeffer** abschmecken. Blättchen von **2–3 Stielen Basilikum** fein schneiden und untermischen. Risotto mit **25 g frisch geriebenem ital. Hartkäse** (z. B. Grana Padano), Kirschtomaten und Basilikum garniert anrichten.

PRO PORTION 10 g E, 22 g F, 57 g KH = 490 kcal (2052 kJ)

GIBT'S DOCH GAR NICHT!

Die beste Bolo der Welt – für Veggies. Alle anderen merken gar nicht, dass „etwas fehlt".

Tofu-Bolognese

FÜR 2 Portionen • **ZUBEREITUNGSZEIT** 45 Minuten

- **1 Möhre**
- **2 Stangen Staudensellerie**
- **1 Zwiebel**
- **1 Knoblauchzehe**
- **175 g geräucherter Tofu**
- **5 El Olivenöl**
- **1 El Tomatenmark**
- **500 g passierte Tomaten**
- **Salz**
- **Pfeffer**
- **Zucker**
- **1 kleines altbackenes Brötchen (40 g)**
- **3 Stiele Basilikum**
- **200 g Fusilli**

1 Möhre schälen, Staudensellerie putzen. Beides fein würfeln. Zwiebel und Knoblauch fein würfeln. Tofu mit einer Gabel fein zerbröseln (siehe Foto rechts).

2 3 El Olivenöl in einer beschichteten Pfanne erhitzen. Tofu darin rundum hellbraun anbraten. Gemüse, Zwiebeln und Knoblauch zugeben und 3 Min. bei mittlerer Hitze mitbraten. Tomatenmark zugeben und 1 Min. mitbraten. Passierte Tomaten und 100 ml Wasser zugeben. Mit Salz, Pfeffer und 1 Prise Zucker würzen. Bei milder bis mittlerer Hitze zugedeckt 15 Min. köcheln lassen.

3 Inzwischen das Brötchen in kleine Stücke zupfen und in einer Pfanne ohne Fett bei milder Hitze 10 Min. rösten. Mit 2 El Olivenöl beträufeln. Basilikumblättchen von den Stielen zupfen.

4 Fusilli in reichlich kochendem Salzwasser nach Packungsanweisung bissfest garen. In einer großen Schüssel mit der Sauce mischen. Mit den Croûtons und Basilikumblättchen bestreut servieren.

PRO PORTION 28 g E, 33 g F, 96 g KH = 828 kcal (3458 kJ)

Den Tofu vom Block mit einer Gabel nach und nach zerdrücken, sodass **feine Brösel** à la Hackfleisch entstehen.

Erstklassiger Klassiker: Die kurz gebratenen Spargelköpfe haben noch schönen Biss

Spargel-Risotto

FÜR 2 Portionen • **ZUBEREITUNGSZEIT** 40 Minuten

1 **500 g weißen Spargel** schälen, die Enden abschneiden. Stangen in Scheiben schneiden, die Köpfe längs halbieren und beiseitestellen. 2 **2 Schalotten** fein würfeln. **600 ml Gemüsebrühe** aufkochen. Schalotten und **200 g Risotto-Reis** in **15 g zerlassener Butter** andünsten. Mit **100 ml Weißwein** ablöschen und offen fast vollständig einkochen lassen. Nach und nach die heiße Brühe angießen, sodass der Reis gerade eben bedeckt ist. Unter gelegentlichem Rühren bei milder Hitze offen 25 Min. ausquellen lassen, nach 15 Min. die Spargelstangenstücke zugeben. 3 **150 g Kirschtomaten** halbieren. Spargelköpfe in **2 El heißem Olivenöl** 3 Min. anbraten, Kirschtomaten zugeben und 1 Min. weiterbraten. Mit **Salz** und **Pfeffer** würzen. **60 g Parmesan** fein reiben. 30 g Parmesan und **15 g kalte Butter** unter den Risotto rühren. Mit **Salz** und **Pfeffer** abschmecken. Mit den Spargelköpfen, Kirschtomaten, restlichem Käse und **4 El Basilikumblättchen** anrichten.

PRO PORTION 21 g E, 33 g F, 86 g KH = 750 kcal (3139 kJ)

Pfannkuchen-Sushi

FÜR 4 Portionen • **ZUBEREITUNGSZEIT** 50 Minuten

1 **100 ml Milch**, **2 Eier** (Kl. M), **80 g Mehl**, **¼ Tl scharfes Paprikapulver** und **Salz** in einem Messbecher mit dem Schneidstab zu einem glatten Teig pürieren.
2 Von **2 Tomaten** den Stielansatz entfernen. Tomaten vierteln. Das Tomateninnere herausschneiden und mit **1 Tl mittelscharfem Senf**, **1 El Weißweinessig**, **1 Tl Zucker**, **Salz** und **Pfeffer** in einem hohen Gefäß mit dem Schneidstab pürieren. Tomatenfleisch fein würfeln und mit **2 El Olivenöl** unter das Dressing mischen. **3** **4 Stangen grünen Spargel** am Ende ca. 2 cm breit abschneiden, Stangen in kochendem Salzwasser 10 Min. garen, abschrecken und trocken tupfen. **200 g Doppelrahmfrischkäse** mit **1 El Milch** glatt rühren. Kresse von **1 Beet Gartenkresse** abschneiden. **4** Aus dem Teig in einer beschichteten Pfanne (18 cm Ø) mit **4 Tl Öl** 4 Pfannkuchen backen. Nebeneinander abkühlen lassen. Mit je ¼ des Frischkäses bestreichen. Pfannkuchen mit der Hälfte der Kresse bestreuen, mit dem Spargel belegen. Aufrollen und in je 5 Stücke schneiden. Mit Tomaten-Dressing anrichten und mit restlicher Kresse bestreut servieren.

PRO PORTION 13 g E, 27 g F, 20 g KH = 388 kcal (1622 kJ)

Überraschen Sie Ihre Gäste mit Spargel und Frischkäse von der Rolle

KÜRBISKERN-SELLERIESCHNITZEL
Großes Gemüsekino mit körnigem Frischkäse, Apfel und Kresse.

VEGGIE-KNALLER

Kürbiskern-Sellerieschnitzel

FÜR 2 Portionen • **ZUBEREITUNGSZEIT** 45 Minuten

- **½ Sellerieknolle (450 g)**
- **Salz**
- **1 kleiner Apfel (ca. 100 g)**
- **200 g körniger Frischkäse**
- **Pfeffer**
- **½ Beet Gartenkresse**
- **4 El Kürbiskerne**
- **4 El Semmelbrösel**
- **1 Ei (Kl. M)**
- **2 El Milch**
- **3 El Mehl**
- **3 El Butterschmalz**
- **Kürbiskernöl**

1 Einen Topf mit Wasser zum Kochen bringen. Sellerie schälen und in 1 cm dicke Scheiben schneiden. Kochendes Wasser salzen, Sellerie darin 6 Min. garen. Abgießen, abschrecken und abtropfen lassen. Auf 3 Lagen Küchenpapier lauwarm abkühlen lassen.

2 Apfel vierteln, entkernen und klein würfeln. Mit Frischkäse mischen, leicht salzen und pfeffern. Kresse vom Beet schneiden.

3 Kürbiskerne klein hacken und mit Semmelbröseln in einer Schale mischen. Ei und Milch in einer zweiten Schale verquirlen, salzen und pfeffern. Mehl in eine dritte Schale geben.

4 Selleriescheiben nacheinander im Mehl wenden, überschüssiges Mehl abklopfen. Dann durch das Ei ziehen und in den Bröseln panieren. Butterschmalz in einer Pfanne erhitzen. Schnitzel darin bei mittlerer Hitze von beiden Seiten goldbraun braten. Auf Küchenpapier abtropfen lassen.

5 Frischkäse mit Kürbiskernöl beträufeln und mit Kresse bestreuen. Zu den Sellerieschnitzeln servieren.

PRO PORTION 28 g E, 38 g F, 33 g KH = 617 kcal (2584 kJ)

Heißer Tipp

Zum Braten der Schnitzel eignet sich Butterschmalz besonders gut. Erstens lässt es sich hoch erhitzen und zweitens sorgt es für feinen Buttergeschmack.

GOLD-STÜCK

Mit Kräutern und doppelt Käse herrlich herzhaft.

Ricotta-Puffer

FÜR 2 Portionen
ZUBEREITUNGSZEIT 35 Minuten

1 **2 Eier** (Kl. M) trennen. Eigelbe mit **150 g Ricotta**, **3 El Mehl**, **50 ml Milch**, **3 El fein geriebenem ital. Hartkäse** (z. B. Grana Padano) und **1 Tl fein abgeriebener Bio-Zitronenschale** zu einem glatten Teig verrühren. Mit Salz und Pfeffer würzen. 2 **½ Bund Schnittlauch** in Röllchen schneiden. **½ Bund glatte Petersilie** hacken. Eiweiße mit 1 Prise Salz steif schlagen. Kräuter in den Teig rühren. Eischnee unterheben. 3 **2 El Olivenöl** in einer beschichteten Pfanne erhitzen. Die Hälfte des Teigs in 5 Portionen in die Pfanne geben. Puffer bei mittlerer Hitze auf jeder Seite 5 Min. goldbraun braten. Auf einen Teller geben und im heißen Ofen bei 100 Grad (Umluft 80 Grad) auf der mittleren Schiene warm halten. Aus dem restlichen Teig weitere 5 Puffer braten.

PRO PORTION 21 g E, 30 g F, 22 g KH = 449 kcal (1880 kJ)

Gemüse-Risotto

FÜR 2 Portionen • **ZUBEREITUNGSZEIT** 40 Minuten

1 **600 ml Gemüsebrühe** erhitzen und warm halten. **1 Zwiebel** und **1 Knoblauchzehe** fein würfeln. **200 g Kohlrabi** und **200 g Möhren** putzen und schälen. **200 g Lauch** putzen, längs halbieren und gründlich waschen. Gemüse in 1½ cm große Stücke schneiden. **½ Bund glatte Petersilie** hacken. 2 **1 El Olivenöl** und **1 El Butter** in einem Topf erhitzen. Zwiebeln und Knoblauch darin glasig dünsten. Gemüse zugeben und bei mittlerer Hitze 5 Min. mitdünsten. **150 g Risotto-Reis** zugeben und unter Rühren kurz mitdünsten. Mit **50 ml Weißwein** ablöschen und vollständig einkochen. 3 Gerade so viel Brühe zugießen, dass der Reis bedeckt ist. Offen bei mittlerer Hitze unter häufigem Rühren 20–25 Min. garen. Dabei immer wieder etwas heiße Brühe zugießen, sobald sie vom Reis fast aufgesogen ist. 4 **50 g ital. Hartkäse** (z. B. Grana Padano) reiben. Die Hälfte des Käses und der Petersilie unter den Risotto mischen. Mit Salz und Pfeffer würzen. Mit dem restlichen Käse und Petersilie bestreut servieren.

PRO PORTION 17 g E, 20 g F, 71 g KH = 545 kcal (2280 kJ)

Veggies Liebling – mit Kohlrabi, Lauch und Möhren

Bärlauch-Crêpes

FÜR 4 Portionen • **ZUBEREITUNGSZEIT** 45 Minuten

- **60 g frischer Bärlauch**
- **4 El Butter**
- **120 g Mehl**
- **400 ml Milch**
- **2 Eier (Kl. M)**
- **Salz**
- **400 g Möhren**
- **1 Zwiebel**
- **½ Bio-Zitrone**
- **100 ml Schlagsahne**
- **Pfeffer**
- **1–2 El neutrales Öl**

Den Crêpe-Teig in einem hohen Gefäß mit dem Schneidstab fein pürieren. Das geht superschnell und der Teig gelingt garantiert klümpchenfrei.

1 Die Stiele der Bärlauchblätter abzupfen. Bärlauch grob schneiden. 3 El Butter zerlassen und etwas abkühlen lassen. Mehl, 300 ml Milch, Eier, 1 kräftige Prise Salz, zerlassene Butter und Bärlauch in ein hohes, schmales Gefäß geben und mit dem Schneidstab fein pürieren. Teig 10 Min. ruhen lassen.

2 Inzwischen die Möhren putzen, längs halbieren und schräg in lange Scheiben schneiden. Zwiebel fein würfeln. ½ Tl Zitronenschale fein abreiben. Restliche Butter in einem Topf zerlassen. Zwiebeln darin 2 Min. bei mittlerer Hitze dünsten. Möhren zugeben und 2 Min. mitdünsten. Sahne und restliche Milch zugießen, aufkochen. Mit Salz und Pfeffer würzen und zugedeckt 4 Min. kochen.

3 Je ½ El Öl in einer beschichteten Pfanne erhitzen und mit Küchenpapier gleichmäßig verteilen. Den Teig portionsweise in der Pfanne verteilen und nacheinander 8 Crêpes backen. Gebackene Crêpes zwischen 2 Tellern warm halten. Rahmmöhren mit Zitronenschale würzen und die Crêpes damit füllen.

PRO PORTION 11 g E, 29 g F, 34 g KH = 452 kcal (1894 kJ)

FÜR ANGEBER

Hübsch und würzig:
Bärlauch-Crêpes mit Möhren
in frischem Zitronenrahm

Ein vegetarischer Hit mit Spargel, Zuckerschoten und Kohlrabi.

Spargelfrikassee

FÜR 2 Portionen • **ZUBEREITUNGSZEIT** 40 Minuten

1 **250 g weißen Spargel** schälen und die Enden abschneiden. Spargel in 3 cm große Stücke schneiden. **1 kleinen Kohlrabi** schälen und in 1,5 cm breite Spalten schneiden. Spargel und Kohlrabi in kochendem Salzwasser 8 Min. blanchieren. Mit einer Schaumkelle aus dem Wasser nehmen und beiseitestellen. 200 ml Kochwasser abschöpfen. **100 g Zuckerschoten** halbieren und 1 Min. blanchieren. Abgießen und abschrecken. 2 **½ Bund Schnittlauch** in Röllchen schneiden. **1 El Butter** in einem Topf erhitzen. **1 El Mehl** zugeben und bei mittlerer Hitze kurz unter Rühren aufschäumen lassen. Kochwasser nach und nach mit einem Schneebesen einrühren. Gemüse und **200 ml Schlagsahne** zugeben. Bei mittlerer Hitze 5 Min. unter Rühren köcheln lassen. Mit Salz, **Cayennepfeffer**, **½ Tl abgeriebener Bio-Zitronenschale** und etwas **Zitronensaft** abschmecken. Schnittlauch untermischen.

PRO PORTION 7 g E, 38 g F, 15 g KH = 435 kcal (1820 kJ)

Eier in Senfsauce

FÜR 2 Portionen • **ZUBEREITUNGSZEIT** 40 Minuten

1 **200 g Kartoffeln** schälen, grob würfeln und in Salzwasser 15–20 Min. garen. **3 Eier** (Kl. M) in kochendem Wasser ca. 6 Min. wachsweich kochen. **15 g Butter** zerlassen, **1 El Mehl** unter Rühren darin anschwitzen. Mit **125 ml Gemüsebrühe** und **100 ml Milch** unter Rühren ablöschen, aufkochen und bei milder Hitze 5 Min. köcheln lassen. Dabei mehrfach umrühren. 2 **3 Frühlingszwiebeln** putzen, das weiße und das helle Grün in dünne Ringe schneiden. Mit **100 g TK-Erbsen** zur Sauce geben und weitere 2 Min. köcheln lassen. **2–3 Tl mittelscharfen Senf** einrühren. Eier abschrecken, pellen und halbieren. Kartoffeln abgießen, mit der Sauce, den Eiern und etwas **Kresse** anrichten.

PRO PORTION 19 g E, 17 g F, 31 g KH = 360 kcal (1507 kJ)

Aufgefrischt! Mit Erbsen und Kresse schmeckt der Klassiker noch besser

Wie lecker ist das denn?
Drin stecken Möhren und Paprika mit
Kresse in Frischkäsesauce

Gemüse-Pfannkuchen

FÜR 2 Portionen • **ZUBEREITUNGSZEIT** 45 Minuten

- **80 g Mehl**
- **220 ml fettarme Milch**
- **Salz**
- **1 Ei (Kl. M)**
- **200 g Möhren**
- **1 rote Paprikaschote**
- **4 Tl Öl**
- **Pfeffer**
- **3 El Joghurtfrischkäse**
- **2 Tl Sesamsaat**
- **½ Beet Gartenkresse**

Leichte Abreibung Das Öl in der erhitzten beschichteten Pfanne mit Küchenpapier verteilen. So reicht ½ Teelöffel Öl für die ganze Fläche aus.

1 Mehl, 200 ml Milch, 1 Prise Salz und Ei gut verquirlen. Teig 20 Min. quellen lassen.

2 Möhren schälen, Paprika putzen. Möhren in ca. 5 cm lange Stücke, dann in dünne Stifte schneiden. Paprika in dünne Streifen schneiden. Einen Topf erhitzen, 2 Tl Öl darin heiß werden lassen. Gemüse darin 3–4 Min. anbraten. Mit Salz und Pfeffer würzen. Frischkäse und restliche Milch zugeben und 3–4 Min. offen köcheln lassen.

3 Eine beschichtete Pfanne erhitzen. ½ Tl Öl darin verstreichen. ¼ des Pfannkuchenteigs zugeben, mit ½ Tl Sesam bestreuen, bei mittlerer Hitze von beiden Seiten goldbraun backen. Weitere 3 Pfannkuchen ebenso backen. Fertige Pfannkuchen zwischen 2 Tellern warm halten. Kresse vom Beet schneiden. Pfannkuchen mit dem Gemüse füllen und mit Kresse bestreut servieren.

PRO PORTION 16 g E, 17 g F, 44 g KH = 400 kcal (1679 kJ)

Ricotta-Küchlein

FÜR 2 Portionen • **ZUBEREITUNGSZEIT** 35 Minuten

1 **250 g Ricotta** mit **1 Ei** (Kl. M) und **2 El Mehl** glatt rühren. Mit **Salz** und **Pfeffer** würzen. 2 Die Blättchen von **8 Stielen Kerbel** und **4 Stielen glatter Petersilie** abzupfen und hacken. Die Hälfte der Kräuter unter die Ricotta-Masse rühren. 3 **1 kleinen Eichblattsalat** (ca. 180 g) putzen und waschen. Salatblätter grob zupfen und leicht trocken schleudern. **2 El Zitronensaft** mit 2 El Wasser, **Salz**, **Pfeffer** und **1 Tl Zucker** verrühren. **4 El Olivenöl** nach und nach unterrühren. 4 **2 El Olivenöl** in einer großen beschichteten Pfanne erhitzen. Ricotta-Masse in 8 Portionen in die Pfanne geben und bei mittlerer Hitze auf jeder Seite 5 Min. goldbraun braten. 5 Salat mit Zitronen-Vinaigrette und restlichen Kräutern mischen, mit Ricotta-Küchlein servieren.

PRO PORTION 16 g E, 47 g F, 21 g KH = 586 kcal (2455 kJ)

RUNDE SACHE

Diese Goldstücke gehen weg wie nichts. Mit Kräutern im Teig und Salat als Beilage

Knoblauch und Salbei würzen Spargel und Tomaten. Glück für Veggies und alle anderen

Spargel-Pasta

FÜR 2 Portionen • **ZUBEREITUNGSZEIT** 30 Minuten

1 **1 Zwiebel** fein würfeln. **1 Knoblauchzehe** fein hacken. Blätter von **3 Stielen Salbei** zupfen und fein hacken. Alles in **2 El heißem Olivenöl** in einer beschichteten Pfanne bei mittlerer Hitze 5 Min. andünsten. 2 **500 g grünen Spargel** im unteren Drittel schälen, die Enden abschneiden. Spargel in schräge, dünne Scheiben schneiden, Spargelköpfe längs halbieren. **100 g Kirschtomaten** halbieren. Spargel und Tomaten in die Pfanne geben und weitere 5 Min. braten. 3 **150 g Nudeln** (z. B. Tortiglioni) in reichlich kochendem Salzwasser nach Packungsanweisung garen, dann abgießen, dabei ca. 100 ml Kochwasser auffangen. Beides unter die Spargelmischung rühren. Evtl. nachwürzen.

PRO PORTION 13 g E, 11 g F, 59 g KH = 398 kcal (1667 kJ)

Zucchini-Buletten

FÜR 2 Portionen • **ZUBEREITUNGSZEIT** 40 Minuten

- **250 g Zucchini**
- **Salz**
- **1 Zwiebel**
- **2 El Öl**
- **½ Tl getrockneter Thymian**
- **1 El Mehl**
- **3 El Semmelbrösel**
- **20 g frisch geriebener ital. Hartkäse (z. B. Grana Padano)**
- **1 Ei (Kl. M)**
- **Pfeffer**

Handtuch mit Zucchiniraspeln oben an den Enden fest zusammendrehen und mit der anderen Hand **kräftig drücken,** bis keine Flüssigkeit mehr austritt.

1 Zucchini grob raspeln und mit 1 guten Prise Salz in einer Schüssel mischen. Beiseitestellen.

2 Zwiebel fein würfeln. 1 Tl Öl in einer kleinen Pfanne erhitzen, Zwiebeln darin bei mittlerer Hitze glasig dünsten.

3 Ein sauberes Geschirrtuch ausspülen und auswringen. Zucchiniraspel darin gut ausdrücken. Zucchini, Zwiebelwürfel, Thymian, Mehl, Semmelbrösel, Parmesan und Ei gut mischen. Kräftig mit Salz und Pfeffer würzen. Aus der Masse mit feuchten Händen 6 Buletten formen.

4 Restliches Öl in einer Pfanne erhitzen und die Buletten von jeder Seite in 3–4 Min. goldbraun braten.

PRO PORTION 11 g E, 16 g F, 20 g KH = 281 kcal (1179 kJ)

Schön saftig – und mit Thymian und Parmesan wunderbar würzig.

Mit Kirschtomaten, Knoblauch und Pfefferschote die leichteste Pasta des Sommers!

Tomaten-Chili-Nudeln

FÜR 2 Portionen • **ZUBEREITUNGSZEIT** 25 Minuten

1 **2 kleine Knoblauchzehen** in feine Scheiben, **½ rote Pfefferschote** in dünne Ringe schneiden. **450 g Kirschtomaten** halbieren. Von **4 Stielen Petersilie** die Blätter abzupfen und hacken. **2** **140 g Penne** in reichlich kochendem Salzwasser nach Packungsanweisung garen. Inzwischen **2 El Öl** in einer tiefen Pfanne oder einem Topf erhitzen. Knoblauch und Pfefferschoten darin bei mittlerer Hitze 2 Min. dünsten. **1 Tl Tomatenmark** zugeben und unter Rühren kurz mitbraten. Tomaten zugeben und 5 Min. kochen. **3** Nudeln abgießen, dabei 100 ml Nudelwasser auffangen. Nudelwasser zur Tomatenmischung geben und aufkochen. Tomatensauce mit Salz, Pfeffer und 1 Prise Zucker würzen. Nudeln untermischen und mit Petersilie bestreut servieren.

PRO PORTION 11 g E, 11 g F, 58 g KH = 385 kcal (1607 kJ)

Buntes Gemüseallerlei mit Rosmarin und Feta – das lässt die Sonne scheinen!

Mediterrane Kartoffelpfanne

FÜR 2 Portionen • **ZUBEREITUNGSZEIT** 50 Minuten

1 **250 g Kartoffeln** waschen und in Salzwasser als Pellkartoffeln garen. Je **1 rote und gelbe Paprikaschote** (à ca. 250 g) und **1 mittelgroße Zucchini** (ca. 250 g) putzen und ca. 1,5 cm groß würfeln. **1 Zwiebel** in feine Streifen schneiden. Kartoffeln abschrecken, pellen und 1,5 cm groß würfeln.

2 **2 El Olivenöl** in einer beschichteten Pfanne erhitzen. Kartoffeln, **2 Knoblauchzehen** und **2 Zweige Rosmarin** zugeben und bei mittlerer Hitze goldbraun anbraten. Paprika, Zucchini und Zwiebeln zugeben und weitere 8–10 Min. braten, dabei mehrfach wenden. Alles nach Geschmack mit Salz und Pfeffer würzen. **100 g fettarmen Feta** zerbröseln und über die Gemüsepfanne streuen.

PRO PORTION 16 g E, 14 g F, 27 g KH = 316 kcal (1316 kJ)

Orientalisch statt italienisch: Nudeln mit getrockneten Aprikosen, Ricotta und Chili

Broccoli-Linsen-Pasta

FÜR 2 Portionen • **ZUBEREITUNGSZEIT** 35 Minuten

1 **400 g Broccoli** putzen und in Röschen teilen. Den dicken Strunk schälen und in 1 cm große Stücke schneiden. **1 Zwiebel** halbieren und in Streifen schneiden. **1 Knoblauchzehe** in dünne Scheiben schneiden. **70 g getrocknete Aprikosen** in Streifen schneiden. **2** **150 g Tortiglioni** und **70 g rote Linsen** in reichlich kochendem Salzwasser nach Packungsanweisung garen. Broccoli 4 Min. vor Ende der Garzeit zugeben und mitgaren. **3** Inzwischen **4 El Olivenöl** in einer großen Pfanne erhitzen. Zwiebeln und Knoblauch darin bei mittlerer Hitze 2 Min. dünsten. Aprikosen zugeben und 1 Min. mitbraten. **4** Nudeln, Linsen und Broccoli abgießen und dabei 200 ml Kochwasser auffangen. Nudeln, Linsen, Broccoli und Kochwasser in der Pfanne mit der Knoblauch-Aprikosen-Mischung mischen und aufkochen. Mit **Salz** und **½–1 Tl Chiliflocken** würzen. **80 g Ricotta** teelöffelweise auf der Broccoli-Linsen-Pasta verteilen.

PRO PORTION 28 g E, 26 g F, 90 g KH = 726 kcal (3042 kJ)

DAS 15 MINUTEN REZEPT

Blumenkohl-Pasta con aglio e olio

FÜR 2 Portionen • **ZUBEREITUNGSZEIT** 15 Minuten

1 **200 g kurze Nudeln** (z. B. Muschelnudeln) in reichlich kochendem Salzwasser nach Packungsanweisung garen. **300 g TK-Blumenkohlröschen** 5 Min. vor Ende der Garzeit zu den Nudeln geben.
2 Inzwischen **2 Knoblauchzehen** in dünne Scheiben schneiden. Die Blättchen von **1 Bund glatter Petersilie** hacken. 3 **5 El Olivenöl** in einer großen Pfanne erhitzen. Knoblauch und **¼–½ Tl Chiliflocken** bei mittlerer Hitze kurz darin andünsten, Petersilie untermischen. 4 Die Nudeln abgießen und tropfnass in das Petersilienöl geben. Kurz untermischen, mit **Salz** abschmecken und mit **2 El geriebenem ital. Hartkäse** (z. B. Parmigiano reggiano) bestreut servieren.

PRO PORTION 20 g E, 29 g F, 75 g KH = 650 kcal (2728 kJ)

Blitzschnelle Gemüse-Nudeln. Mit würzigem Petersilienöl die perfekte Feierabendküche!

Avocado-French-Toast

FÜR 2 Portionen • **ZUBEREITUNGSZEIT** 35 Minuten

- **1 kleine reife Avocado**
- **2 Tl Zitronensaft**
- **1 Prise Chiliflocken**
- **Salz**
- **3 Eier (Kl. M)**
- **150 ml Milch**
- **4 Scheiben Sandwichtoast**
- **4 Tl Tomatenpesto**
- **1–2 El Butterschmalz**

Die Sandwiches in die Eiersahne legen, von einer Seite gut vollsaugen lassen, **mithilfe von zwei Esslöffeln wenden** und die andere Seite einweichen.

1 Avocado halbieren, den Stein entfernen und das Fruchtfleisch aus der Schale löffeln. In einer Schüssel mit einer Gabel möglichst fein zerdrücken. Mit Zitronensaft, Chiliflocken und Salz würzen.

2 Eier und Milch am besten in einer Auflaufform verquirlen und salzen. 2 Scheiben Toast erst mit je 2 Tl Tomatenpesto, dann mit Avocadocreme bestreichen. Mit je einer weiteren Toastscheibe belegen. Die Sandwiches in die Eiersahne legen und von jeder Seite 3–4 Min. ziehen lassen, bis die Eiersahne komplett aufgesogen ist.

3 Butterschmalz in einer beschichteten Pfanne erhitzen, Sandwiches hineingeben und bei mittlerer Hitze von jeder Seite 5 Min. hellbraun braten. Auf Küchenpapier abtropfen lassen und sofort servieren.

PRO PORTION 19 g E, 35 g F, 39 g KH = 570 kcal (2384 kJ)

Für frische Würze auf die Schnelle sorgt fertiges Tomatenpesto.

SPITZEN-SCHNITTE

Kohlrabiplätzchen

FÜR 2 Portionen • **ZUBEREITUNGSZEIT** 30 Minuten

1 **2 kleine Kohlrabi** schälen und in 1 cm dicke Scheiben schneiden. In kochendem Salzwasser 5 Min. bissfest garen, abgießen, abschrecken und abtropfen lassen. Zwischen Küchenpapier trocken tupfen. 2 Inzwischen **2 Eier** (Kl. M) und **100 ml Milch** verquirlen. **100 g Mehl** mit **1 Prise Salz** und **¼ Tl Cayennepfeffer** in eine Schüssel geben, Eiermilch nach und nach mit einem Schneebesen einrühren. Alles zu einem glatten Pfannkuchenteig verrühren. 3 **50 g Mehl** in einen tiefen Teller geben. **2 El Butterschmalz** in einer Pfanne erhitzen. Kohlrabischeiben erst im Mehl wenden, dabei überschüssiges Mehl abklopfen, dann durch den Pfannkuchenteig ziehen und im Butterschmalz bei mittlerer Hitze 2–3 Min. goldbraun ausbacken. Auf Küchenpapier abtropfen lassen. 4 **150 g Mayonnaise** mit **50 g Joghurt** verrühren. **1 Knoblauchzehe** dazupressen und alles mit **1 Spritzer Zitronensaft** und **1 Prise Salz** würzen. Kohlrabiplätzchen mit etwas abgeschnittener **Gartenkresse** und der Mayonnaise servieren.

PRO PORTION 21 g E, 85 g F, 60 g KH = 1112 kcal (4658 kJ)

In herzhaftem Pfannkuchenteig gebacken, mit Kresse-Joghurt-Mayo zum Dippen. Echt raffiniert!

Möhren und Zuckerschoten bringen knackigen Biss in den luftigen Schmarren

Gemüse-Schmarren

FÜR 2 Portionen • **ZUBEREITUNGSZEIT** 30 Minuten

1 **250 g Möhren** schälen, längs halbieren und schräg in dünne Scheiben schneiden. **100 g Zuckerschoten** putzen und schräg in 1 cm breite Streifen schneiden. **100 g Frühlingszwiebeln** putzen, das Weiße und Hellgrüne schräg in 1 cm breite Stücke schneiden. **2** **2 Eier** (Kl. M) trennen. Eiweiße mit **1 Prise Salz** mit den Quirlen des Handrührers steif schlagen. **60 g Mehl** mit **½ Tl Backpulver** mischen. Eigelbe mit **1 Prise Salz**, **Pfeffer**, frisch geriebener **Muskatnuss**, **6 El Milch** (1,5 % Fett) und der Mehlmischung verrühren. Eischnee unterheben. **3** **1 El Rapsöl** in einer beschichteten Pfanne erhitzen. Möhren darin bei mittlerer Hitze 2 Min. braten. Zuckerschoten und Frühlingszwiebeln zugeben, 2 Min. mitbraten, salzen und pfeffern. **4** Teig darübergeben. Bei mittlerer Hitze 5–7 Min. braten. Masse vierteln, wenden und weitere 5 Min. braten. Schmarren zerzupfen und mit einigen grob gezupften **Basilikumblättern** bestreut servieren.

PRO PORTION 13 g E, 12 g F, 38 g KH = 313 kcal (1310 kJ)

Sahnesauce mit würzigem Blauschimmelkäse und leicht scharfer Rauke. Grandios!

Gorgonzola-Rauke-Pasta

FÜR 2 Portionen • **ZUBEREITUNGSZEIT** 30 Minuten

1 Reichlich Wasser für die Nudeln aufsetzen. **70 g Rauke** putzen, waschen und vorsichtig trocken schleudern. **2** **150 ml Schlagsahne** mit **100 ml Milch** aufkochen. **80 g cremigen Gorgonzola** in grobe Stücke schneiden. Gorgonzola in die Sahnemilch geben und unter Rühren schmelzen. Sauce bei milder Hitze 5 Min. kochen. **3** Kochendes Nudelwasser salzen, **200 g Tagliatelle** darin nach Packungsanweisung kochen. Gorgonzola-Sauce mit **Salz**, **Pfeffer** und **1–2 Spritzern Zitronensaft** würzen. Nudeln abgießen, mit der Gorgonzola-Sauce mischen und mit Rauke bestreut servieren.

PRO PORTION 24 g E, 38 g F, 76 g KH = 760 kcal (3186 kJ)

Dinkelvollkorn-Nudeln in wunderbar würziger Tomaten-Kapern-Sauce. Großartig!

Tomaten-Kapern-Pasta

FÜR 2 Portionen • **ZUBEREITUNGSZEIT** 20 Minuten

1 **1 Zwiebel** und **1 Knoblauchzehe** fein würfeln. **1½ El Olivenöl** in einem weiten Topf erhitzen. Zwiebeln und Knoblauch darin bei mittlerer Hitze glasig dünsten. **1 Tl Tomatenmark** und **½ Tl Zucker** zugeben und unter Rühren kurz mitdünsten. **1 Dose stückige Tomaten** (400 g Füllmenge) und **1 Prise Salz** zugeben und aufkochen. Sauce bei mittlerer Hitze 10 Min. kochen.

2 Inzwischen **200 g Dinkelvollkorn-Spaghetti** in reichlich kochendem Salzwasser nach Packungsanweisung garen. **35 g abgetropfte Kapern** unter die Tomatensauce mischen, aufkochen. Mit **Salz** und **Pfeffer** würzen.

3 Nudeln abgießen, mit der Tomaten-Kapern-Sauce mischen. Mit abgezupften Blättern von **2 Stielen Basilikum** und **40 g geriebenem ital. Hartkäse** (z. B. Grana Padano) bestreuen und mit **1 El Olivenöl** beträufelt servieren.

PRO PORTION 21 g E, 21 g F, 68 g KH = 559 kcal (2344 kJ)

Asia-Pfannkuchen

FÜR 2 Portionen • **ZUBEREITUNGSZEIT** 50 Minuten

- **4 Eier (Kl. M, getrennt)**
- **250 ml Milch**
- **3 El Sojasauce**
- **Chiliflocken**
- **200 g Mehl**
- **2 Tl Sesamöl**
- **150 g Räuchertofu**
- **200 g Möhren**
- **1 rote Paprikaschote**
- **3 Frühlingszwiebeln**
- **20 g frischer Ingwer**
- **6 El Öl**
- **Salz**
- **4 Tl Sesamsaat**
- **5 Stiele Koriandergrün**

1 Eigelbe, Milch, Sojasauce und ¼ Tl Chiliflocken verrühren. Mehl und 1 Tl Sesamöl nach und nach unterrühren. Teig 20 Min. quellen lassen.

2 Tofu fein würfeln. Möhren putzen, längs halbieren und in dünne halbe Scheiben schneiden. Paprika putzen, vierteln und in dünne Streifen schneiden. Frühlingszwiebeln putzen, das Weiße und das Hellgrüne in dünne Ringe schneiden. Ingwer schälen und fein reiben.

3 Tofu in einer beschichteten Pfanne (24 cm Ø) in 2 El heißem Öl und restlichem Sesamöl knusprig anbraten. Eiweiße mit 1 Prise Salz steif schlagen, vorsichtig unter den Teig heben.

4 Tofu aus der Pfanne nehmen. Die Hälfte des Gemüses und des Ingwers in 2 El Öl anbraten, die Hälfte des Tofus zugeben, mit Salz und Chiliflocken würzen. Mit 2 Tl Sesam bestreuen. Die Hälfte des Teigs daraufgeben und zugedeckt bei mittlerer Hitze 5 Min. braten. Pfannkuchen mithilfe eines Deckels wenden und zugedeckt weitere 4–5 Min. braten. Fertigen Pfannkuchen auf einem Teller abgedeckt im Ofen bei 100 Grad (Umluft 80 Grad) warm halten. Aus den restlichen Zutaten einen zweiten Pfannkuchen zubereiten. Koriander abzupfen. Pfannkuchen mit dem Koriander bestreut servieren.

PRO PORTION 42 g E, 59 g F, 121 g KH = 1210 kcal (5063 kJ)

Bunt und knackig mit Gemüse satt, Räuchertofu sorgt für tolles Aroma in der Pfanne

Auberginen, Oliven, Tomatensauce und Ricotta – und schon schmecken Sie das Mittelmeer. Und besonders Clevere zaubern aus dem restlichen Ricotta noch ein mediterranes Dessert.

Auberginen-Pasta

FÜR 2 Portionen • **ZUBEREITUNGSZEIT** 30 Minuten

1 Ofen auf 200 Grad (Umluft 180 Grad) vorheizen. Einen großen Topf voll Wasser zum Kochen bringen. **2** **1 Aubergine** (350 g) putzen und 2 cm groß würfeln. Auf einem Backblech mit **Salz** und **Pfeffer** würzen und mit **2 El Olivenöl** mischen. Im heißen Ofen auf der mittleren Schiene 10–15 Min. hellbraun rösten. **3** Kochendes Wasser salzen und **200 g Muschelnudeln** darin nach Packungsanweisung garen. **1 Dose Kirschtomaten** (400 g Füllmenge) in einer Pfanne erhitzen. **1 kleine Knoblauchzehe** dazupressen. Mit **Salz**, **1 Prise Zucker**, **Pfeffer** und **½ Tl getrocknetem Oregano** würzen. Bei milder Hitze 5 Min. köcheln lassen. Auberginenwürfel und **2 El schwarze Oliven** zugeben. **4** Nudeln abgießen, tropfnass unter die Sauce mischen. Blättchen von **4 Stielen glatter Petersilie** hacken. Pasta anrichten. **100 g Ricotta** mit einem Löffel auf der Pasta verteilen. Mit Petersilie und **Pfeffer** bestreuen.

PRO PORTION 20 g E, 20 g F, 82 g KH = 622 kcal (2602 kJ)

Wir sind Feuer und Flamme! Wer es weniger verschärft mag, entfernt die Chilikerne aus der Schote

Scharfe Bohnen-Pasta

FÜR 2 Portionen • **ZUBEREITUNGSZEIT** 25 Minuten

1 Reichlich Wasser in einem großen Topf zum Kochen bringen. Inzwischen **1 Zwiebel** längs halbieren und quer in dünne Halbringe schneiden. **1 Knoblauchzehe** fein hacken. **1 rote Chilischote** mit den Kernen in dünne Ringe schneiden. **40 g getrocknete Tomaten in Öl** quer in ½ cm breite Streifen schneiden. **2** Nudelwasser salzen und **200 g kurze Nudeln** (z. B. Penne rigate) darin nach Packungsanweisung garen. Inzwischen **3 El Olivenöl** in einer großen Pfanne erhitzen. Zwiebeln darin bei mittlerer Hitze 5 Min. glasig braten. Knoblauch und Chili kurz mitbraten. Tomaten untermischen und bei mildester Hitze warm halten. **3** 3 Min. vor Ende der Nudelgarzeit **300 g grüne Bohnen** (TK) zu den Nudeln geben, aufkochen und bei milder Hitze zusammen zu Ende garen. **4** Bohnen und Nudeln abgießen, dabei 150 ml Nudelkochwasser auffangen. Bohnen-Nudeln unter die Tomaten-Zwiebeln mischen. **20 g Butter** und ca. 100 ml Nudelwasser unterrühren. Mit **40 g ital. Hartkäse** (z. B. Parmesan, frisch geraspelt) bestreut anrichten.

PRO PORTION 22 g E, 32 g F, 81 g KH = 715 kcal (2987 kJ)

Tofu-Gemüse-Pfanne

FÜR 2 Portionen • **ZUBEREITUNGSZEIT** 35 Minuten

1 **1 kleine Knoblauchzehe** fein hacken, mit **½ Tl Honig** und **6 El Sojasauce** verrühren. **150 g Tofu** (natur) in ½ cm breite Scheiben schneiden und mit der Sojasauce in einen kleinen Gefrierbeutel geben. Den Beutel möglichst eng über dem Tofu verschließen, Tofu mind. 15 Min. marinieren. 2 Je **1 gelbe und 1 rote Paprikaschote** halbieren, putzen und in Streifen schneiden. Von **1 kleinen Broccoli** den Kopf in kleine Röschen schneiden. 3 Tofu aus der Marinade nehmen und mit Küchenpapier trocken tupfen. In einer heißen beschichteten Pfanne mit **1 El Öl** von beiden Seiten hellbraun anbraten. Tofu auf einen Teller geben. 4 **1 El Öl** in der Pfanne erhitzen und das Gemüse darin rundherum 2 Min. anbraten. Mit 100 ml Wasser und der Tofumarinade ablöschen und zugedeckt bei mittlerer Hitze 5–8 Min. garen. **1 Tl Speisestärke** mit 1 El kaltem Wasser verrühren, zum Gemüse geben und unter Rühren einmal aufkochen. Tofu zugeben und kurz erwärmen. Mit etwas **Limettensaft** würzen und mit **2–3 Tl Sambal oelek** servieren.

PRO PORTION 20 g E, 16 g F, 17 g KH = 300 kcal (1260 kJ)

Knackig gebratener Broccoli und Paprika, mit Sambal oelek gewürzt. Scharf und lecker!

Aprikosencurry

FÜR 2 Portionen • **ZUBEREITUNGSZEIT** 25 Minuten

1 **200 g Möhren** schälen, längs halbieren und in schräge Stücke schneiden. **1 Lauchstange** (ca. 250 g) putzen, waschen, das Weiße und Hellgrüne in dünne Ringe schneiden. **20 g frischen Ingwer** schälen, fein hacken. **1 Knoblauchzehe** fein hacken. 2 **3 El Öl** in einer Pfanne erhitzen. Möhren, Lauch, Ingwer und Knoblauch darin anbraten. **2 Tl mildes Currypulver** kurz mitrösten, mit Salz und Pfeffer würzen. **250 ml Kokosmilch** und **150 ml Gemüsebrühe** zugießen, aufkochen. Zugedeckt bei mittlerer Hitze 5 Min. kochen.
3 **400 g Aprikosen** halbieren, entsteinen und in Spalten schneiden. In die Pfanne geben und weitere 3–4 Min. garen. Mit Currypulver, Salz, Pfeffer und Zucker abschmecken. Mit **2 El gehackter Petersilie** und **30 g gehackten, gesalzenen Erdnusskernen** bestreut servieren. Dazu passt Reis.

PRO PORTION 10 g E, 45 g F, 29 g KH = 569 kcal (2380 kJ)

„Indian style“ leicht gemacht: mit Möhren, Ingwer, Kokosmilch und Erdnüssen. Sensationell!

Einmal Gemüse – zwei tolle Kombis

Ein Rezept Pfannengemüse ist eine tolle vegetarische Crespelle-Füllung (S. 268)

Pfannengemüse

FÜR 2 Portionen
ZUBEREITUNGSZEIT 30 Minuten

1 **1 Zucchini** putzen und in Scheiben schneiden. **50 g Champignons** putzen und halbieren. **1 kleine rote Zwiebel** in dünne Spalten schneiden. **½ gelbe und ½ rote Paprikaschote** putzen und in 3 cm große Stücke schneiden. **100 g Kirschtomaten** halbieren. **2** **1 El Olivenöl** in einer großen Pfanne erhitzen. Zucchini darin von beiden Seiten hellbraun anbraten, mit **Salz** und **Pfeffer** würzen, aus der Pfanne nehmen. Pilze mit **1 El Öl** ebenso anbraten, würzen und aus der Pfanne nehmen. **2 El Öl** in der Pfanne erhitzen, Zwiebeln und Paprika darin 2 Min. anbraten, Tomaten zugeben und kurz mitbraten. Salzen, pfeffern und mit **100 ml Tomatensaft** ablöschen. Aufkochen und 1 Min. schmoren. Restliches Gemüse zugeben und erwärmen. Mit **Salz**, **Pfeffer**, **1 Prise Zucker** und **1 El gehacktem Thymian** würzen.

PRO PORTION 4 g E, 20 g F, 10 g KH = 245 kcal (1023 kJ)

Kurz gebratene Tomaten, Pilze, Paprika und Zucchini schmecken so richtig nach Sommer

Suppengemüse in Sahnesauce schmeckt so lecker! Für Kinder den Wein durch Brühe ersetzen

Nudeln mit Gemüseragout

FÜR 2 Portionen • **ZUBEREITUNGSZEIT** 30 Minuten

1 **1 Bund Suppengrün** (ca. 300 g) putzen und ca. ½ cm groß würfeln. **1 Zwiebel** fein würfeln. Für die Nudeln reichlich Wasser zum Kochen bringen. **2** Suppengrün und Zwiebeln in **2 El zerlassener Butter** in einem Topf andünsten. Mit **2 Tl Mehl** bestäuben und kurz mit anschwitzen. Mit **Salz**, **Pfeffer** und **½ Tl getrocknetem Estragon** würzen, **100 ml Weißwein** zugießen und offen fast vollständig einkochen lassen. Nudelwasser salzen, **200 g breite Bandnudeln** ins Kochwasser geben und nach Packungsanweisung garen. **3** **150 ml Schlagsahne** und **100 ml Gemüsebrühe** zum Suppengrün geben, aufkochen und offen bei mittlerer Hitze 8–10 Min garen. **30 g gehackte Haselnusskerne** in einer Pfanne ohne Fett anrösten. Blätter von **½ Bund glatter Petersilie** hacken. Nudeln abgießen, dabei 100 ml Kochwasser auffangen. Suppengrünsauce mit **Salz** und **Pfeffer** abschmecken, evtl. mit Nudelwasser etwas dünner rühren. Nudeln untermischen, mit den Nüssen und Petersilie bestreut servieren.

PRO PORTION 19 g E, 47 g F, 86 g KH = 870 kcal (3639 kJ)

Heiß geliebt und wunderbar vegetarisch! Pasta mit gebratenen Auberginen in Tomatensauce und Ricotta

Linguine mit Auberginen-Sugo

FÜR 2 Portionen • **ZUBEREITUNGSZEIT** 30 Minuten

1 Einen großen Topf mit Wasser zum Kochen bringen. **2** **1 Aubergine** (300 g) putzen und klein würfeln. **1 Zwiebel** und **1 Knoblauchzehe** würfeln. Die Blättchen von **4 Stielen glatter Petersilie** abzupfen und fein hacken. **3** **3 El Olivenöl** in einer beschichteten Pfanne erhitzen und die Auberginenwürfel darin rundherum hellbraun anbraten. Zwiebeln und Knoblauch zugeben, kurz mitbraten. **1 Dose stückige Tomaten** (400 g) und ½ Dose voll Wasser (200 ml) zugeben und aufkochen. Mit **Salz**, **1 Prise Zucker**, **½ Tl getrocknetem Oregano** und **Pfeffer** würzen. Bei milder Hitze 5 Min. schmoren. **4** Das kochende Wasser salzen und **200 g Linguine** darin nach Packungsanweisung garen. Nudeln abgießen und tropfnass unter die Sauce mischen. Mit **125 g Ricotta** in kleinen Nocken anrichten, mit Petersilie bestreuen und mit **1–2 El Olivenöl** beträufelt servieren.

PRO PORTION 21 g E, 28 g F, 83 g KH = 688 kcal (2885 kJ)

Knusprig gebratene Tofuwürfel zu buntem Reis mit Mango. Lecker vegetarisch!

Gemüsereis mit Tofu

FÜR 2 Portionen • **ZUBEREITUNGSZEIT** 35 Minuten

1 **100 g Basmati-Reis** nach Packungsanweisung garen. **½ Mango** vom Stein schneiden, schälen und in dünne Scheiben schneiden. **½ Salatgurke** streifig schälen. Längs halbieren und mit einem Teelöffel entkernen. Gurke in dünne Streifen schneiden. **1 El Aprikosenkonfitüre**, **1 El Limettensaft**, 3 El Wasser, **Salz** und **1 Prise Chiliflocken** in einer Schüssel verrühren, Mango und Gurken untermischen. 2 **1 rote Paprikaschote** putzen, entkernen und in dünne Streifen schneiden. **1 rote Zwiebel** halbieren und in Streifen schneiden. **125 g Tofu** (natur) mit Küchenpapier trocken tupfen und klein würfeln. 3 **1 El Öl** in einer beschichteten Pfanne erhitzen, den Tofu darin hellbraun anbraten und salzen. Zwiebel- und Paprikastreifen zugeben und 5 Min. mitbraten, salzen. Abgetropften Reis untermischen. Mit Mango-Gurken-Salat und einigen **Basilikumblättern** anrichten.

PRO PORTION 15 g E, 9 g F, 61 g KH = 397 kcal (1660 kJ)

Pasta Verdure

FÜR 2 Portionen • **ZUBEREITUNGSZEIT** 45 Minuten

- **20 g Pinienkerne**
- **1 Zwiebel**
- **1 Knoblauchzehe**
- **1 kleine Aubergine**
- **1 Zucchini**
- **1 rote Paprikaschote**
- **Salz**
- **200 g Rigatoni**
- **3 El Olivenöl**
- **Pfeffer**
- **100 ml passierte Tomaten**
- **Zucker**
- **2 Stiele Basilikum**

Ab ins Eisfach

Der Rest der passierten Tomaten lässt sich prima einfrieren – als kleiner Vorrat für die nächste Pasta-Party: einfach alles auf einmal oder portionsweise in Plastikboxen oder Gefrierbeutel füllen, verschließen und tiefgefrieren.

1 Reichlich Wasser für die Nudeln aufsetzen. Pinienkerne in einer Pfanne ohne Fett hellbraun rösten und herausnehmen. Zwiebel halbieren und in Streifen schneiden. Knoblauch in dünne Scheiben schneiden. Aubergine und Zucchini putzen, längs halbieren und in ½ cm dicke Stücke schneiden. Paprika vierteln, entkernen und in 2 cm große Stücke schneiden.

2 Kochendes Nudelwasser salzen. Nudeln darin nach Packungsanweisung bissfest garen. 1 El Öl in einer großen Pfanne erhitzen. Auberginen darin bei mittlerer bis starker Hitze 3 Min. braten. 2 El Öl, Zwiebeln, Knoblauch, Zucchini und Paprika zugeben, bei mittlerer Hitze 5 Min. braten. Gemüse mit Salz und Pfeffer würzen. Tomaten zugießen und aufkochen.

3 Nudeln abgießen, dabei 100 ml Nudelwasser auffangen. Nudeln und Nudelwasser mit dem Gemüse-Sugo mischen und einmal kurz aufkochen. Mit Salz, Pfeffer und 1 Prise Zucker würzen. Mit Pinienkernen und grob gezupften Basilikumblättern bestreut servieren.

PRO PORTION 19 g E, 22 g F, 82 g KH = 608 kcal (2545 kJ)

Mit gebratener Aubergine, Zucchini und Paprika schmeckt's wie Urlaub am Mittelmeer. Herrlich!

Gemüsepuffer

FÜR 4 Portionen • **ZUBEREITUNGSZEIT** 45 Minuten

1 **130 g kernige Haferflocken** in eine Schüssel geben, mit **125 ml aufgekochter Milch** übergießen, 30 Min. quellen lassen. **1 dünne Stange Lauch** (ca. 100 g) putzen, längs halbieren, gründlich waschen. Das helle Grün und das Weiße in feine Ringe schneiden. **1 kleine Möhre** (ca. 80 g) schälen und raspeln. **1 kleine Zwiebel** fein würfeln. **1 El Butter** zerlassen, Lauch, Möhren und Zwiebeln darin andünsten. **2 Tl scharfes Currypulver** zugeben, kurz mitdünsten. Mit Salz und Pfeffer würzen. Auf einen Teller geben und abkühlen lassen. **2** **1 Ei** (Kl. M) und **4 El Semmelbrösel** zu den Haferflocken geben, abgekühlte Lauchmischung zugeben, alles gut vermischen. Mit Salz, Pfeffer und evtl. Currypulver abschmecken. **3** **2 El Öl** in einer beschichteten Pfanne erhitzen. Mithilfe von 2 Esslöffeln die Hälfte der Masse zu 4–5 Talern formen, in die Pfanne geben. Bei mittlerer Hitze von jeder Seite 3–4 Min. goldbraun braten. Herausnehmen, zwischen 2 Tellern im 100 Grad heißen Ofen warm halten, übrige Masse in **2 El Öl** ebenso braten.

Pro Portion 8 g E, 18 g F, 30 g KH = 318 kcal (1334 kJ)

Haferflocken bringen Biss in die knusprigen Küchlein.

Das Puffer-Prinzip

Während die Haferflocken quellen, schnippeln Sie das Gemüse und braten dann ruck, zuck bunte Küchlein

Übergießen Die aufgekochte Milch vom Herd nehmen und direkt über die Haferflocken gießen. So quellen sie gut auf.

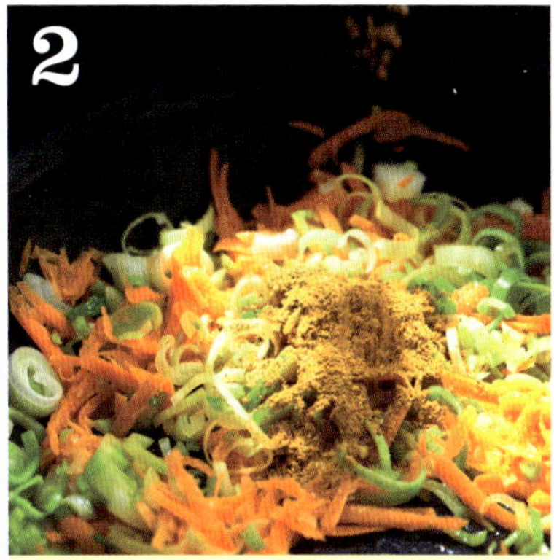

Dünsten Das Currypulver zum Gemüse in die Pfanne geben und kurz andünsten, so entfaltet es sein Aroma besser.

Mixen Ei und Brösel zu den abgekühlten Haferflocken geben, dann kommt das abgekühlte Gemüse dazu. Alles gut vermischen.

Formen Die Küchleinmasse mithilfe von zwei Esslöffeln abstechen, in die Pfanne geben, leicht flach drücken und braten.

DAS 15 MINUTEN REZEPT

Gorgonzola-Käsespätzle

FÜR 2 Portionen • **ZUBEREITUNGSZEIT** 15 Minuten

1 **400 g vorgegarte Spätzle** (Kühlregal) in reichlich kochendes Salzwasser geben und 1 Min. kochen. Dann abgießen. **1 reife Birne** schälen, achteln, entkernen und quer in Spalten scheiden mit **2 Tl Zitronensaft** mischen. **30 g Raukeblätter** grob hacken. 2 Rauke, Spätzle, **3 El gehackte Haselnusskerne**, **75 g gewürfelten Gorgonzola** und Birnenspalten mischen, mit Salz, Pfeffer und **Muskat** würzen. In 2 gefettete Auflaufförmchen (à ca. 15 cm Ø) geben, **75 g gewürfelten Gorgonzola** darauf verteilen. Im heißen Ofen bei 250 Grad (Umluft 230 Grad) auf der mittleren Schiene 7–8 Min. überbacken.

PRO PORTION 30 g E, 42 g F, 67 g KH = 784 kcal (3285 kJ)

Der Mix aus Birne, Gorgonzola und Nuss macht aus Spätzle schnell eine superleckere Mahlzeit

Gefüllte Tomaten

FÜR 2 Portionen
ZUBEREITUNGSZEIT 40 Minuten

1 Von **4 großen Tomaten** jeweils einen Deckel abschneiden. Tomaten mithilfe eines Teelöffels entkernen. Tomaten und Tomatendeckel auf ein mit Backpapier ausgelegtes Blech setzen. Im heißen Ofen bei 200 Grad (Umluft 180 Grad) auf der mittleren Schiene 3 Min. garen. **2** Tomaten herausnehmen, von innen salzen und pfeffern und mit je **1 Tl Basilikum-Pesto** (Glas) ausstreichen. **4 Eier** (Kl. M) aufschlagen und in die Tomaten geben. Gefüllte Tomaten im Ofen auf der mittleren Schiene weitere 15–20 Min. garen, bis die Eier gestockt sind.

PRO PORTION 17 g E, 19 g F, 8 g KH = 280 kcal (1170 kJ)

Extra-Rezept

Das Tomateninnere nicht wegwerfen, denn daraus lässt sich schnell eine Vinaigrette zubereiten. Einfach durch ein Sieb streichen und den Tomatensaft auffangen. Saft mit 1 El Rotweinessig, Salz, Zucker und Pfeffer verrühren. 4 El Olivenöl unterrühren. Mit grünem Blattsalat mischen.

Mit Pesto und Ei aus dem Ofen = Tomatenüberraschung!

Gemüse-Risotto

FÜR 2 Portionen • **ZUBEREITUNGSZEIT** 40 Minuten

- **600 ml Gemüsebrühe**
- **250 g Suppengrün**
- **1 Zwiebel**
- **125 g Risotto-Reis**
- **2 El Butter**
- **100 ml Weißwein**
- **50 g ital. Hartkäse (z. B. Grana Padano)**
- **Salz**
- **Pfeffer**
- **Muskatnuss**
- **1 Beet Gartenkresse**

Risotto-Reis

Für Risotto nimmt man am besten italienischen Rundkornreis, z. B. Arborio oder Avorio, weil dieser besonders stärkehaltig ist. Wichtig: den Reis nicht waschen, damit die Stärke nicht weggespült wird. Diese bindet nämlich die Garflüssigkeit. Je mehr Flüssigkeit man zugibt, desto suppiger wird der Risotto.

1 Brühe in einem kleinen Topf aufkochen. Suppengrün putzen und fein würfeln. Zwiebel fein würfeln, mit dem Risotto-Reis in 1 El zerlassener Butter glasig andünsten. Weißwein zugießen, offen bis auf einen kleinen Rest einkochen lassen. Gemüse zugeben. Etwas heiße Brühe angießen, sodass der Reis gerade bedeckt ist. Offen bei mittlerer Hitze 20–25 Min. garen, dabei öfter umrühren. Sobald die Flüssigkeit aufgesogen ist, nach und nach die restliche Brühe zugießen.

2 Hartkäse reiben, 20 g Käse und restliche Butter unter den fertigen Risotto mischen, mit Salz, Pfeffer und Muskat würzen. Kresse vom Beet schneiden, mit restlichem Käse über den Risotto streuen.

PRO PORTION 14 g E, 21 g F, 55 g KH = 493 kcal (2066 kJ)

HAPPY VEGGIE

GEMÜSE-RISOTTO
Wunderbar vegetarisch, supersimpel mit Suppengrün und Kresse.

Crêpe mit Gemüse

FÜR 2 Portionen • **ZUBEREITUNGSZEIT** 40 Minuten

- **60 g Mehl**
- **30 g feine Haferflocken**
- **125 ml Buttermilch**
- **1 Ei (Kl. M)**
- **Salz**
- **100 ml kohlensäurehaltiges Mineralwasser**
- **1 Zwiebel**
- **150 g Zucchini**
- **150 g Champignons**
- **2 El Öl**
- **Pfeffer**
- **Muskat**
- **2 El Schmand**
- **1 Bund Schnittlauch**

Den Crêpe-Teig in die Pfanne geben und einfach durch leichtes Hin- und Herschwenken gleichmäßig verteilen.

1 Mehl, Haferflocken, Buttermilch, Ei, etwas Salz und Mineralwasser mit einem Schneebesen gut verrühren. 20 Min. quellen lassen.

2 Zwiebel fein würfeln. Zucchini putzen, längs halbieren und in dünne Scheiben schneiden. Champignons putzen und in dünne Scheiben schneiden. 1 El Öl in eine beschichtete heiße Pfanne geben, Champignons darin anbraten, Zucchini und Zwiebeln zugeben, kurz mitbraten. Mit Salz, Pfeffer und Muskat würzen. 100 ml Wasser und Schmand zugeben, aufkochen und 2 Min. köcheln lassen.

3 Aus dem Crêpe-Teig in einer beschichteten Pfanne (24 cm Ø) in je ½ El Öl 2 Crêpes backen. Schnittlauch in feine Röllchen schneiden, bis auf 2 El zum Gemüse geben, mit den Crêpes anrichten und mit restlichem Schnittlauch bestreut servieren.

PRO PORTION 15 g E, 19 g F, 37 g KH = 394 kcal (1649 kJ)

Gemüse-Tortilla

FÜR 6 Portionen
ZUBEREITUNGSZEIT 1:10 Stunden
PLUS KÜHLZEIT

1 **600 g vorw. festkochende Kartoffeln** 20 Min. als Pellkartoffeln garen (am besten am Vortag), abgießen, abschrecken, pellen und vollständig abkühlen lassen. **2 Zwiebeln** in Streifen schneiden. **2 rote Spitzpaprika** putzen und in ½ cm dicke Ringe schneiden. **2** Ofen auf 200 Grad vorheizen (Umluft nicht empfehlenswert). Kartoffeln in Scheiben schneiden und in einer beschichteten ofenfesten Pfanne (24 cm Ø) mit **1–2 El Butterschmalz** 10 Min. bei mittlerer Hitze braten, mit **Salz** und **Pfeffer** würzen. Zwiebeln zugeben und 5 Min. mitbraten. **3** **7 Eier** (Kl. M), **120 ml Milch** und **30 g geriebenen ital. Hartkäse** (z. B. Grana Padano) mit dem Schneidstab pürieren und salzen. Blättchen von **1 Bund Petersilie** hacken. Die Hälfte davon mit **8 El Olivenöl** und **2 El Weißweinessig** verrühren. Restliche Petersilie zusammen mit **150 g TK-Erbsen** und den Paprikaringen unter die Kartoffeln mischen und 5 Min. erwärmen. **4** Den Pfannenstiel mit Alufolie umwickeln. Den Pfannenrand mit **1 Tl Butterschmalz** fetten. Eiermilch über dem Gemüse verteilen, im heißen Ofen auf einem Rost auf der mittleren Schiene 25–30 Min. stocken lassen. 10 Min. in der Pfanne abkühlen lassen, dann auf einen Teller stürzen und mit dem Kräuteröl servieren.

PRO PORTION 14 g E, 26 g F, 19 g KH = 372 kcal (1556 kJ)

Praktisch vorzubereiten: Am besten schmeckt der spanische Leckerbissen lauwarm

DAS 15 MINUTEN REZEPT

Kichererbsen-Couscous

FÜR 2 Portionen • **ZUBEREITUNGSZEIT** 15 Minuten

1 **250 g Möhren** schälen, längs halbieren und in schräge, ca. ½ cm dicke Stücke schneiden. **1 Zwiebel** fein würfeln. Beides in **2 El heißem Olivenöl** andünsten. **2 Tl Tomatenmark** und **1 Tl Honig** kurz mitdünsten, mit **Salz**, **Pfeffer** und **½ Tl gemahlenem Kreuzkümmel** würzen. **300 ml Gemüsebrühe** angießen, aufkochen und zugedeckt 5 Min. garen.
2 **100 g Kichererbsen** (Dose) kalt abspülen, mit **150 g Couscous** nach 5 Min. zu den Möhren geben und auf der ausgeschalteten Herdplatte 5 Min. quellen lassen. **100 g Sahnejoghurt**, etwas **Salz** und **¼ Tl Chiliflocken** verrühren. **30 g Rauchsalzmandeln** hacken. **2 El Olivenöl** zum Couscous geben, evtl. nachwürzen, mit Joghurt und Mandeln servieren.

PRO PORTION 18 g E, 35 g F, 75 g KH = 701 kcal (2940 kJ)

Veggie-Express mit Mandeln, die für Biss und Raucharoma sorgen

Kokosmilch, Chili, Zuckerschoten und Limette sorgen für asiatische Leichtigkeit

Linguine mit Kürbissauce

FÜR 2 Portionen • **ZUBEREITUNGSZEIT** 35 Minuten

1 **2 Frühlingszwiebeln** putzen, den grünen Teil schräg in feine Ringe schneiden und abgedeckt beiseitestellen. Den weißen Teil fein würfeln. **1 Knoblauchzehe** fein würfeln. **½–1 Chilischote** mit den Kernen in feine Ringe schneiden, die Hälfte der Ringe abgedeckt beiseitestellen. Kerne und weiches Innere von **180 g Hokkaido-Kürbis** mit einem Löffel herauskratzen. Kürbis mit der Schale in 1 cm große Würfel schneiden 2 **200 ml fettarme Kokosmilch**, Zwiebelwürfel, Knoblauch und Chili aufkochen. Kürbis zugeben, mit **Salz** würzen und zugedeckt bei milder Hitze 15 Min. kochen, bis der Kürbis weich ist. 3 **120 g Linguine** nach Packungsanweisung in Salzwasser bissfest garen. Inzwischen **100 g Zuckerschoten** schräg in 2 cm breite Stücke schneiden. 3 Min. vor Ende der Nudelgarzeit zu den Nudeln geben und zusammen zu Ende garen. 4 Kürbissauce mit 100 ml Nudelkochwasser fein pürieren. Mit **1 Tl fein abgeriebener Bio-Limettenschale** und **2–3 Spritzern Limettensaft** abschmecken. Nudeln abgießen und mit der Sauce, Zwiebelringen und restlichem Chili anrichten.

PRO PORTION 10 g E, 9 g F, 51 g KH = 334 kcal (1400 kJ)

Auberginen-Reis-Pfanne

FÜR 2 Portionen • **ZUBEREITUNGSZEIT** 35 Minuten

- **125 g Langkornreis**
- **1 kleine Aubergine (200 g)**
- **1 Zwiebel**
- **1 Dose Kichererbsen (425 g EW)**
- **1 Zitrone**
- **4 El Olivenöl**
- **1–2 Tl Harissa**
- **Salz**
- **Pfeffer**
- **100 g Feta**
- **2–3 Stiele Minze**

Harissa

Die scharfe Paste aus Nordafrika besteht aus bis zu 20 frischen oder getrockneten Gewürzen (u. a. Chili, Cayennepfeffer, Kreuzkümmel und Koriander). Traditionell würzt sie Couscous, mariniert Fleisch oder Fisch und wird auch mit Joghurt verlängert als Dip gereicht.

1 Reis nach Packungsanweisung garen und abtropfen lassen. Aubergine putzen und 1 cm groß würfeln. Zwiebel halbieren und in feine Streifen schneiden. Kichererbsen in einem Sieb mit kaltem Wasser abspülen.

2 Zitrone auspressen. Saft mit 2 El Olivenöl und Harissa verrühren. 2 El Olivenöl in einer Pfanne erhitzen, Auberginenwürfel bei mittlerer Hitze 3 Min. anbraten. Kichererbsen und Zwiebeln dazugeben und weitere 3 Min. braten. Mit Salz und Pfeffer würzen. Die Hälfte der Würzpaste und den Reis in die Pfanne geben, 3 Min. mitbraten.

3 Feta mit den Fingern grob zerpflücken. Blättchen von den Minzstielen zupfen und grob zerzupfen. Reispfanne mit Feta, Minze und restlicher Würzpaste servieren.

PRO PORTION 22 g E, 36 g F, 77 g KH = 745 kcal (3122 kJ)

Ali Babas Allerlei: mit Minze und Kichererbsen
ein frisch-würziger Sattmacher.
Für Veganer Feta durch Tofu ersetzen

Mit cremiger Avocado, Zitrone und Ricotta eine simple Sensation.

Avocado-Nudeln

FÜR 2 Portionen • **ZUBEREITUNGSZEIT** 20 Minuten

1 **250 g Linguine** in reichlich kochendem Salzwasser nach Packungsanweisung garen. 2 Die Blättchen von **2 Stielen Petersilie** fein hacken. **1 reife Avocado** halbieren, den Kern entfernen und das Fruchtfleisch schälen. Die Hälfte des Fruchtfleisches 1 cm groß würfeln, mit **1 El Zitronensaft** beträufeln und abgedeckt beiseitestellen. 3 Restliches Avocadofleisch zusammen mit **½ Tl abgeriebener Bio-Zitronenschale**, **1 El Zitronensaft**, **50 g Ricotta**, Salz und Pfeffer in ein hohes Gefäß geben und fein pürieren. In eine große Schüssel geben. 4 100 ml vom Nudelwasser abschöpfen. Nudeln abgießen und zusammen mit dem Nudelwasser unter die Avocadocreme mischen. Avocadowürfel, Petersilie und **1 El Olivenöl** vorsichtig untermischen und sofort servieren. Dazu passt geriebener ital. Hartkäse (z. B. Grana Padano).

PRO PORTION 19 g E, 20 g F, 92 g KH = 634 kcal (2653 kJ)

Kichererbsenbuletten

FÜR 2–3 Portionen • **ZUBEREITUNGSZEIT** 30 Minuten

1 **1 Glas Kichererbsen** (215 g Abtropfgewicht) in ein Sieb abgießen, kalt abspülen und gut abtropfen lassen. Zusammen mit **2 Eiern** (Kl. M) und **2 El Sahnejoghurt** in ein hohes Gefäß geben und mit dem Schneidstab fein pürieren. **2** **200 g Möhren** schälen und raspeln. **10 Minzblättchen** hacken. Möhren, Minze und **6 El Semmelbrösel** mit dem Kichererbsenpüree verrühren. Mit **Salz**, **Chiliflocken** und **¼ Tl gemahlenem Kreuzkümmel** würzen. **3** **4 El Semmelbrösel** in einen tiefen Teller geben. **2 El Butterschmalz** in einer Pfanne erhitzen. Die Kichererbsenmasse mit feuchten Händen zu 6 Buletten formen, jeweils in den Bröseln wälzen, abklopfen und in das heiße Fett geben. Bei mittlerer Hitze von jeder Seite ca. 5 Min. braten. Auf Küchenpapier abtropfen lassen und mit **200 g Sahnejoghurt** servieren.

PRO PORTION (BEI 3) 16 g E, 24 g F, 44 g KH = 468 kcal (1962 kJ)

Mit Möhren und Minze kross gebraten – so genial schmeckt vegetarisch auf orientalisch.

Gemüse-Nudel-Risotto

FÜR 2 Portionen • **ZUBEREITUNGSZEIT** 40 Minuten

- **1 Zwiebel**
- **1 Knoblauchzehe**
- **200 g rote Paprikaschote**
- **200 g Zucchini**
- **4 Stiele Thymian**
- **1½ El Olivenöl**
- **120 g Risoni-Nudeln**
- **400 ml heiße Gemüsebrühe**
- **Salz**
- **Pfeffer**
- **20 g geriebener ital. Hartkäse (z. B. Grana Padano)**

1 Zwiebel und Knoblauch fein würfeln. Paprika vierteln, entkernen und in 2 cm große Stücke schneiden. Zucchini putzen, längs halbieren und in ½ cm dicke Scheiben schneiden. Thymianblättchen von den Stielen zupfen.

2 ½ El Öl in einem Topf erhitzen. Zwiebeln und Knoblauch darin bei mittlerer Hitze glasig dünsten. Paprika zugeben und 2 Min. mitdünsten. Nudeln und die Hälfte des Thymians unterrühren, kurz mitbraten. Brühe zugießen, aufkochen und zugedeckt 15 Min. garen. Dabei gelegentlich umrühren.

3 Inzwischen 1 El Öl in einer beschichteten Pfanne erhitzen. Zucchini und restlichen Thymian darin 3 Min. braten, salzen und pfeffern.

4 Zucchini und Käse unter den Nudel-Risotto mischen. Mit Salz und Pfeffer würzen.

PRO PORTION 14 g E, 12 g F, 48 g KH = 365 kcal (1524 kJ)

Risoni-Nudeln ...

... werden aus Hartweizengrieß hergestellt und sind damit eindeutig Nudeln. Nur Form und Größe erinnern an Reis. In Italien werden sie klassisch als Suppeneinlage oder mit Tomatensauce vermischt als Beilage

Viel Paprika, Zucchini und frischer Thymian machen Lust auf Sommer in Italien

In Tomatensauce mit Mozzarella und Parmesan überbacken, heiß geliebt und ruck, zuck vernascht

Überbackene Zucchini

FÜR 2 Portionen • **ZUBEREITUNGSZEIT** 45 Minuten

- **1 Dose stückige Tomaten (400 g)**
- **1 kleine Knoblauchzehe**
- **Salz**
- **Pfeffer**
- **Zucker**
- **½ Kugel Büffelmozzarella**
- **3 mittelgroße Zucchini (à 70 g)**
- **2–4 El Öl**
- **1 Tl getrocknete ital. Kräuter (ersatzw. Oregano)**
- **20 g geriebener ital. Hartkäse (z. B. Grana Padano)**
- **2 Stiele Basilikum**

1 Tomaten in einen Topf geben, Knoblauch dazupressen. Aufkochen, mit Salz, Pfeffer und 1 Prise Zucker würzen und bei mittlerer Hitze zugedeckt 15 Min. köcheln lassen.

2 Mozzarella auf 3 Lagen Küchenpapier geben und gründlich trocken tupfen. Zucchini putzen und längs in ½ cm dicke Scheiben schneiden. Nacheinander in einer beschichteten Pfanne im heißen Öl von beiden Seiten hellbraun braten. Dabei salzen. Auf einen Teller geben.

3 Den Ofen auf 220 Grad (Umluft 200 Grad) vorheizen. Tomatensauce kräftig abschmecken und mit ital. Kräutern würzen. Sauce in einer Auflaufform (ca. 30 x 16 cm) verteilen. Zucchini dachziegelartig daraufgeben. Mit Hartkäse bestreuen, Mozzarella darüberzupfen. Im heißen Ofen auf dem Rost auf der mittleren Schiene 15–20 Min. goldbraun backen. Mit Basilikumblättchen bestreuen.

PRO PORTION 11 g E, 20 g F, 8 g KH = 266 kcal (1114 kJ)

Ein Hauch von Rauch

Probieren Sie statt Mozzarella mal klein gewürfelten Scamorza. Sein Raucharoma gibt den Zucchini einen kräftigen Geschmack.

Leuchtet so schön und schmeckt mit Möhren- und Apfelraspeln herrlich frisch

Pellkartoffeln mit Möhren-Apfel-Quark

FÜR 2 Portionen • **ZUBEREITUNGSZEIT** 30 Minuten

1 **600 g vorw. festkochende Kartoffeln** in einem Topf mit Wasser bedecken. Mit **1 El Kümmelsaat**, **2 Lorbeerblättern** und **Salz** würzen. Zugedeckt aufkochen und bei mittlerer Hitze ca. 20 Min. garen. **2** **200 g Magerquark** mit **2 El kohlensäurehaltigem Mineralwasser** und **1 El Rapsöl** kräftig verrühren, mit **Salz** und **Pfeffer** würzen. **3** **130 g Möhren** schälen, **100 g Apfel** entkernen. Beides grob raspeln. Blättchen von **½ Bund Petersilie** hacken. Alles unter den Quark mischen. **4** Kartoffeln abgießen und kurz ausdampfen lassen. Mit dem Quark servieren.

PRO PORTION 19 g E, 5 g F, 51 g KH = 340 kcal (1425 kJ)

Frische Tomaten-Pasta

FÜR 2 Portionen • **ZUBEREITUNGSZEIT** 20 Minuten

1 Reichlich Wasser für die Nudeln aufsetzen. **1 Zwiebel** halbieren und in feine Streifen schneiden. **1 Knoblauchzehe** in feine Scheiben schneiden. **400 g Kirschtomaten** halbieren. Die Blätter von **3 Stielen glatter Petersilie** hacken. 2 Kochendes Nudelwasser salzen, **200 g Linguine** darin nach Packungsanweisung garen. Inzwischen **4 El Olivenöl** in einem Topf erhitzen. Zwiebeln und Knoblauch darin bei mittlerer Hitze 2 Min. dünsten. Tomaten, **½ Tl Zucker** und 3 El Nudelwasser zugeben und 5 Min. kochen.
3 **40 g schwarze Oliven** (entsteint), **20 g Kapern** (abgetropft) und die Petersilie unter die Tomaten mischen. Mit **Salz** und **Pfeffer** würzen.
4 Nudeln abgießen und sofort mit dem Tomaten-Sugo mischen. Mit **4 El fein geriebenem ital. Hartkäse** (z. B. Parmigiano reggiano) bestreut servieren.

PRO PORTION 19 g E, 28 g F, 79 g KH = 660 kcal (2758 kJ)

Superfruchtige Tomatensauce mit Kapern und Oliven. Blitzschnell fertig und besser als in Italien!

Gemüsenudeln

FÜR 2 Portionen • **ZUBEREITUNGSZEIT** 35 Minuten

- **1 Schalotte**
- **250 g Möhren**
- **2 Zucchini (à 300 g)**
- **40 g ital. Hartkäse (z. B. Parmesan)**
- **200 g Kirschtomaten**
- **3 El Olivenöl**
- **Salz**
- **Pfeffer**
- **2–3 Stiele Basilikum**

1 Schalotte fein würfeln. Möhren und Zucchini putzen. Möhren erst mit einem Sparschäler schälen, dann rundum mit dem Schäler in feine Streifen schneiden. Zucchini ebenso bis zu den Kernen in Streifen schneiden. Käse mit dem Sparschäler in Scheiben hobeln und grob zerbrechen. Kirschtomaten halbieren.

2 Öl in einer großen beschichteten Pfanne erhitzen. Schalotten darin bei mittlerer bis starker Hitze 3 Min. glasig dünsten. Möhren zugeben und 2 Min. mitbraten, dabei oft durchmischen. Zucchini untermischen und weitere 3 Min. ebenso braten, dabei mit Salz und Pfeffer würzen. Tomaten zugeben und 2–3 Min. ebenso braten.

3 Abgezupfte Basilikumblättchen fein schneiden und untermischen. Gemüsenudeln mit Käse bestreut anrichten.

PRO PORTION 13 g E, 22 g F, 15 g KH = 332 kcal (1392 kJ)

GEMÜSENUDELN
Kurz gebratene Möhren- und Zucchinistreifen sind die schlanke Lösung für Pasta-Fans. Lecker!

Hirseschmarren

FÜR 2 Portionen • **ZUBEREITUNGSZEIT** 50 Minuten

- **100 g Hirse**
- **Salz**
- **1 Zwiebel**
- **50 g Bergkäse**
- **½ Bund Schnittlauch**
- **2 Eier (Kl. M)**
- **100 ml Milch**
- **3 El Mehl**
- **Pfeffer**
- **frisch geriebene Muskatnuss**
- **3 El Olivenöl**

Den Schmarren erst von einer Seite garen, dann vierteln und wenden. Dazu die Viertel mit einem Holzspatel anheben, mit der Hand stützen und umdrehen.

1 Hirse in 200 ml Salzwasser nach Packungsanweisung garen und etwas abkühlen lassen. Zwiebel würfeln. Käse reiben. Schnittlauch in feine Röllchen schneiden. Den Ofen auf 160 Grad Umluft (Ober- und Unterhitze 180 Grad) vorheizen.

2 Eier trennen. Eiweiße steif schlagen. Eigelbe mit Milch und Mehl glatt rühren. Hirse, Käse und ⅔ des Schnittlauchs unterrühren. Mit Salz, Pfeffer und Muskat würzen. Eischnee unterheben.

3 Öl in einer ofenfesten Pfanne erhitzen. Zwiebeln darin bei mittlerer Hitze 2 Min. dünsten. Teig zugießen und 5 Min. braten. Dann den Schmarren im heißen Ofen auf der mittleren Schiene 10 Min. stocken lassen.

4 Schmarren aus dem Ofen nehmen, mit einem Holzspatel vierteln, wenden und bei mittlerer Hitze goldbraun braten. In grobe Stücke zupfen und kurz weiterbraten.
Mit dem restlichen Schnittlauch bestreut servieren.

PRO PORTION 24 g E, 31 g F, 55 g KH = 609 kcal (2549 kJ)

Außen goldbraun und leicht knusprig, innen saftig und nussig. Unbedingt probieren!

VEGGIE-SCHASCHLIK
Paprika, Zucchini, Tofu und Zwiebeln in Tomatensauce. Superlecker!

Veggie-Schaschlik

FÜR 2 Portionen • **ZUBEREITUNGSZEIT** 30 Minuten

- **1 rote Paprikaschote**
- **1 Zucchini**
- **3 kleine Zwiebeln**
- **300 g Tofu natur**
- **3 Tl Öl**
- **Salz**
- **2 El Tomatenmark**
- **200 ml Gemüsebrühe**
- **Cayennepfeffer**
- **1–2 Tl Sojasauce**
- **60 g Baguette**

Tofu-Tausch

Den Schaschlik können Sie auch mit anderen Tofusorten machen: Wer es würziger mag, nimmt Räuchertofu oder probiert ihn mit Nuss- oder Basilikumtofu.

1 Paprika vierteln, putzen und in 3 cm große Stücke schneiden. Zucchini putzen, längs halbieren und in 1 cm dicke Scheiben schneiden. 2 Zwiebeln in je 6 Spalten schneiden. 1 Zwiebel fein würfeln. Tofu in ca. 2,5 cm große und 1 cm dicke Stücke schneiden.

2 Paprika, Zucchini, Zwiebelspalten und Tofu abwechselnd auf 6 Schaschlikspieße stecken. 1 Tl Öl in einer großen beschichteten Pfanne erhitzen. Spieße darin bei mittlerer Hitze 3–4 Min. rundherum hellbraun anbraten und salzen. Aus der Pfanne nehmen.

3 2 Tl Öl in die Pfanne geben, Zwiebelwürfel darin glasig dünsten. Tomatenmark zugeben und bei milder Hitze 1 Min. mitdünsten. Brühe zugießen und aufkochen. Mit Cayennepfeffer und Sojasauce würzen.

4 Die Spieße in die Sauce geben und zugedeckt 5 Min. darin erhitzen. Spieße mit der Sauce und Baguette servieren.

PRO PORTION 31 g E, 14 g F, 30 g KH = 379 kcal (1586 kJ)

Pilz-Apfel-Pfanne

FÜR 2 Portionen • **ZUBEREITUNGSZEIT** 40 Minuten

- **500 g gemischte Pilze (z. B. Pfifferlinge, Champignons, Kräuterseitlinge)**
- **1 Zwiebel**
- **2–3 Stiele Majoran (ersatzweise ½ Tl getrockneten)**
- **2 kleine Äpfel**
- **4 El Öl**
- **1 El Butter**
- **Salz**
- **Pfeffer**
- **50 ml Weißwein**
- **100 ml Gemüsebrühe**
- **Zucker**
- **3 El Crème fraîche**

1 Pilze putzen, größere halbieren. Zwiebel fein würfeln. Majoranblättchen von 2 Stielen abstreifen und hacken. Äpfel mit dem Apfelausstecher entkernen und in 1 cm dicke Scheiben schneiden.

2 3 El Öl in einer großen Pfanne stark erhitzen. Pilze darin rundum hellbraun anbraten. Zwiebel zugeben und kurz mitbraten. Mit Salz, Pfeffer und Majoran würzen. Mit Weißwein ablöschen und fast vollständig einkochen lassen. Brühe zugießen, aufkochen und bei milder Hitze 2 Min. köcheln lassen.

3 Inzwischen in einer zweiten Pfanne 1 El Öl und Butter erhitzen. Apfelringe darin von beiden Seiten hellbraun anbraten. Dabei mit je einer Prise Zucker würzen.

4 Crème fraîche unter die Pilze rühren. Mit Salz und Pfeffer abschmecken und mit den Apfelringen sowie etwas Majoran bestreut servieren.

PRO PORTION 10 g E, 38 g F, 27 g KH = 517 kcal (2165 kJ)

Ring frei!

Wer keinen Apfelausstecher hat, viertelt die Äpfel, entkernt sie und schneidet sie dann in ca. 1 cm dicke Spalten.

Wenn Kinder mitessen,
den Wein durch Brühe ersetzen.

Wie schlau ist das denn!

Alles – sogar die Nudeln – kommen roh in die Pfanne und garen gemeinsam. Der Clou: Das stärkehaltige Wasser sorgt so für eine leichte Bindung der Sauce.

IN 25 MINUTEN FERTIG

Pfannen-Pasta

FÜR 2 Portionen
ZUBEREITUNGSZEIT 25 Minuten

1 **200 g Spaghetti** in der Mitte durchbrechen. **300 g Kirschtomaten** halbieren. **1 Knoblauchzehe** in feine Scheiben schneiden. **1 Zwiebel** halbieren, in feine Halbringe schneiden. Blätter von **4 Stielen Basilikum** abzupfen. **2** Nudeln, Tomaten, Knoblauch, Zwiebeln und Basilikum mit 400 ml Wasser und **2 El Olivenöl** in eine tiefe Pfanne geben. Kräftig mit **Salz** und **Pfeffer** würzen. Alles bei starker Hitze aufkochen. Unter gelegentlichem Rühren bei mittlerer bis starker Hitze 8–10 Min. kochen, bis die Nudeln gar sind. Falls die Nudeln das Wasser zwischendurch fast vollständig aufgenommen haben, noch etwas Wasser zugießen. **3** Pfannen-Pasta evtl. mit Salz und Pfeffer nachwürzen, mit **1 El Olivenöl** beträufelt servieren.

PRO PORTION 14 g E, 16 g F, 75 g KH = 516 kcal (2157 kJ)

Mangold ist eine wunderbare Alternative zu Spinat. Und dazu scharfe Brösel. Perfekt!

Tagliatelle mit Mangold

FÜR 2 Portionen • **ZUBEREITUNGSZEIT** 35 Minuten

1 **1 kleine Zwiebel** und **1 Knoblauchzehe** fein würfeln. **400 g Mangold** putzen. Stiele in 1 cm große Stücke schneiden. Blätter in 2 cm breite Streifen schneiden. **½ Brötchen** (vom Vortag) grob hacken und in einer Pfanne in **1 El zerlassener Butter** 5 Min. goldbraun rösten. Mit **½ Tl getrockneten Chiliflocken** und Salz würzen und beiseitestellen. 2 Zwiebeln und Knoblauch in **1 El zerlassener Butter** 3 Min. dünsten. Mit **1 Tl Mehl** bestäuben und kurz mitdünsten. **150 ml Milch** unter Rühren zugießen und bei milder Hitze 5 Min. kochen. 3 **160 g Tagliatelle** in reichlich kochendem Salzwasser nach Packungsanweisung garen. Mangoldstiele 6 Min., Mangoldblätter 3 Min. vor Ende der Garzeit zugeben und mitgaren. Nudeln und Mangold abgießen und dabei 50 ml Nudelwasser auffangen. 4 Nudelwasser und **3 El Mascarpone** in die Sauce rühren und kurz aufkochen. Mit Salz, Pfeffer und **2–3 Tl Zitronensaft** würzen. Nudeln und Mangold untermischen und mit den scharfen Bröseln bestreut servieren.

PRO PORTION 19 g E, 32 g F, 70 g KH = 654 kcal (2740 kJ)

Kapern sorgen für feine Säure in der Pasta. Wer sie nicht mag, lässt sie einfach weg

Tomatennudeln mit Kapern

FÜR 2 Portionen • **ZUBEREITUNGSZEIT** 25 Minuten

1 **500 g Kirschtomaten** vierteln. **½–1 rote Chilischote** und **1 Knoblauchzehe** fein hacken. Nadeln von **1 Rosmarinzweig** abstreifen und fein hacken. 2 **5 El Olivenöl** in einer großen Pfanne erhitzen. Chili, Knoblauch und Rosmarin zugeben und bei mittlerer Hitze andünsten. Tomaten und 1 Prise Zucker zugeben, kurz mitdünsten und 5 Min. zugedeckt schmoren. **1 kleines Glas Kapern** (30 g Abtropfgewicht) abgießen und untermischen. 3 Inzwischen **200 g kurze Nudeln** (z. B. Tortiglioni) in reichlich kochendem Salzwasser nach Packungsanweisung bissfest garen. 4 Die Tomaten salzen und **1 El kalte Butter** unterrühren. Nudeln abgießen und tropfnass untermischen. Kurz durchziehen lassen.

PRO PORTION 15 g E, 33 g F, 77 g KH = 673 kcal (2812 kJ)

Kartoffel-Pfifferlings-Ragout

FÜR 2 Portionen • **ZUBEREITUNGSZEIT** 40 Minuten

- **600 g festkochende Kartoffeln**
- **1 Zwiebel**
- **1 Knoblauchzehe**
- **3 El Öl**
- **1 Tl edelsüßes Paprikapulver**
- **½ Tl scharfes Paprikapulver**
- **Salz**
- **Pfeffer**
- **250 ml Gemüsebrühe**
- **250 g Pfifferlinge**
- **1 El Butter**
- **Muskatnuss**
- **½ Bund Petersilie**
- **100 g Schmand**

1 Kartoffeln schälen und längs in Spalten schneiden. Zwiebel fein würfeln. Knoblauch fein hacken. Alles in 2 El heißem Öl in einem Topf anbraten. Beide Paprikapulver zugeben, mit Salz und Pfeffer würzen und mit der Brühe ablöschen. Zugedeckt bei mittlerer Hitze 20 Min. garen.

2 Pfifferlinge putzen. 1 El Öl und Butter in einer Pfanne erhitzen, Pfifferlinge darin 4–5 Min. anbraten. Mit Salz, Pfeffer und Muskat würzen. Petersilie abzupfen und hacken.

3 Kartoffelragout evtl. nachwürzen, auf Tellern anrichten. Pfifferlinge darauf verteilen, mit Petersilie bestreuen, mit Schmand servieren.

PRO PORTION 10 g E, 34 g F, 41 g KH = 517 kcal (2158 kJ)

Jedem seine Schärfe

Paprikapulver gibt es mit unterschiedlichem Schärfegrad: Edelsüßes Paprikapulver würzt kräftig, hat eine milde Schärfe und starke Färbekraft. Rosenscharfes Paprikapulver, das vor allem in der ungarischen Küche verwendet wird, ist das schärfste. Kaufen Sie vor allem gemahlene Gewürze möglichst in kleinen Mengen, da sie schnell an Aroma verlieren.

BITTE EIN PILZ!

Feinste Pfifferlinge, raffiniert gewürzt – wer braucht da noch Fleisch?

Frischkäsetaler

FÜR 2 Portionen • **ZUBEREITUNGSZEIT** 40 Minuten

- **1 Bund Petersilie**
- **1 Bund Dill**
- **1 Bio-Zitrone**
- **350 g Doppelrahmfrischkäse**
- **100 g Semmelbrösel**
- **Salz**
- **Pfeffer**
- **1 Msp. Cayennepfeffer**
- **2 Eier (Kl. M)**
- **100 g Mehl**
- **4–5 El neutrales Öl**

1 Petersilienblätter und Dillspitzen abzupfen, fein hacken. Zitronenschale fein abreiben, 2 El Zitronensaft auspressen. Frischkäse in einer Schüssel mit 35 g Semmelbröseln, Kräutern, Zitronenschale und -saft mischen. Mit Salz, Pfeffer und Cayennepfeffer würzen.

2 Eier in einem tiefen Teller verquirlen. Mehl und restliche Semmelbrösel ebenfalls in je einen tiefen Teller geben. Aus der Frischkäsemasse mit leicht bemehlten Händen 6–8 Taler formen. Taler erst im Mehl wenden, dann durch das Ei ziehen und in Semmelbröseln panieren.

3 Öl in einer Pfanne erhitzen. Die Taler darin bei mittlerer Hitze auf jeder Seite goldbraun knusprig braten. Auf Küchenpapier abtropfen lassen und lauwarm servieren.

PRO PORTION 32 g E, 79 g F, 64 g KH = 1123 kcal (4698 kJ)

So läuft's rund

„Trick 17 für perfekt geformte Taler: Frischkäsemasse erst zwischen den Handflächen zu Kugeln formen und diese dann nur leicht flach drücken."

»e&t«-Köchin Anne Lucas

UNSERE GOLD-STÜCKE

Außen knusprig, innen cremig. Dill, Petersilie und Zitrone sorgen für frische Würze.

Gebackene Zwiebelringe

FÜR 2–4 Portionen • **ZUBEREITUNGSZEIT** 40 Minuten

- **4 große Zwiebeln**
- **100 g Mehl**
- **Salz**
- **Cayennepfeffer**
- **250 ml Buttermilch**
- **150 g Polenta-Grieß**
- **750 ml Öl zum Frittieren**
- **150 g saure Sahne**
- **150 g Tomatenketchup**

1 Zwiebeln in ½ cm dicke Ringe schneiden. Mehl in einer Auflaufform mit Salz und Cayennepfeffer kräftig würzen. Buttermilch und Polenta-Grieß ebenfalls in je eine tiefe Form geben.

2 Öl in einem weiten Topf erhitzen. Zwiebelringe erst im Mehl wenden, dann am besten mit einer Gabel durch die Buttermilch ziehen und anschließend im Polenta-Grieß wälzen. Panierte Zwiebelringe in mehreren Portionen ausbacken. Dafür vorsichtig ins heiße Öl geben und bei mittlerer Hitze 5–7 Min. goldbraun frittieren. Auf Küchenpapier abtropfen lassen und nach Geschmack sofort leicht salzen.

3 Die Zwiebelringe mit saurer Sahne und Ketchup servieren.

PRO PORTION (BEI 4)
8 g E, 45 g F, 52 g KH = 652 kcal (2729 kJ)

Der Temperatur-Test

Das Fett sollte beim Frittieren nicht zu heiß sein. Zum Testen am besten einen Zwiebelring mit einer Gabel ins Fett halten. Bilden sich kleine Bläschen, ist die Temperatur perfekt. Wenn große sprudelnde Bläschen entstehen, ist das Fett schon zu heiß. Dann den Topf vom Herd ziehen und kurz abkühlen lassen, bevor Sie drauflos frittieren.

Großer Knabberspaß: Zwiebeln, die im Polenta-Mantel auf Tauchgang gehen

Lassen Sie das Ei lediglich stocken, damit es sich sanft mit den Rösti verbindet

Alpsee-Rösti

FÜR 4 Portionen • **ZUBEREITUNGSZEIT** 1 Stunde

- **800 g gekochte Pellkartoffeln (vom Vortag)**
- **Salz**
- **Pfeffer**
- **frisch geriebene Muskatnuss**
- **2 El Butterschmalz**
- **4 Eier (Kl. M)**
- **½ Bund Schnittlauch**

1 Am Vortag 800 g festkochende Kartoffeln ungeschält in Salzwasser aufkochen und zugedeckt 15 Min. garen, abgießen, abkühlen lassen und kalt stellen.

2 Am nächsten Tag die Kartoffeln pellen und raspeln. Mit Salz, Pfeffer und Muskatnuss würzen. 1 El Butterschmalz in einer beschichteten Pfanne (26 cm Ø) erhitzen. Kartoffelmasse hineingeben und mit dem Holzspatel zu einem glatten Fladen formen, dabei fest andrücken.
Bei mittlerer Hitze 15 Min. braten.

3 Rösti auf einen Teller gleiten lassen und mithilfe eines weiteren Tellers wenden. 1 El Butterschmalz in der Pfanne erhitzen und die umgedrehten Rösti hineingeben.

4 Mit einem Esslöffel 4 tiefe Mulden in die Masse drücken. Eier aufschlagen und jeweils in eine Mulde geben. Rösti ca. 15 Min. braten, bis die Eier gestockt sind. Schnittlauch in Röllchen schneiden. Eier mit Salz und Pfeffer würzen. Alpsee-Rösti mit 2 El Schnittlauchröllchen bestreut servieren.

PRO PORTION 10 g E, 13 g F, 25 g KH = 267 kcal (1115 kJ)

Der Wende-Trick
Rösti auf einen Teller gleiten lassen. Mit einem zweiten Teller abdecken und umdrehen. Teller abnehmen und Rösti zurück in die Pfanne geben. Klappt prima!

Spinat-Quesadilla

FÜR 2–4 Portionen • **ZUBEREITUNGSZEIT** 25 Minuten

- **150 g Cheddar**
- **200 g Baby-Blattspinat**
- **3 Zwiebeln**
- **1 Knoblauchzehe**
- **3 El Öl**
- **Salz**
- **Chiliflocken**
- **4 Tortilla-Wrap-Fladen**

1 Zum Wenden einen großen Teller auf die Pfanne legen, diesen fest andrücken und beides mit Schwung wenden.
2 Pfanne abheben und die Quesadilla so vom Teller in die Pfanne zurückgleiten lassen, dass die andere Seite unten ist.

1 Käse klein würfeln. Spinat verlesen, waschen und trocken schleudern. Zwiebeln halbieren und in Streifen schneiden. Knoblauch hacken.

2 Öl in einer Pfanne erhitzen, Zwiebeln und Knoblauch darin glasig dünsten. Spinat zugeben und bei mittlerer Hitze zusammenfallen lassen. Mit Salz und Chiliflocken würzen und in eine flache Schale geben.

3 Eine Pfanne auf mittlerer Stufe erhitzen. 1 Tortilla-Fladen zugeben und mit der Hälfte des Käses und des Spinats belegen. Mit einem 2. Tortilla-Fladen belegen und leicht andrücken. Ca. 1 Min. rösten, dann wenden und erneut 1–2 Min. rösten, bis der Käse schmilzt. Quesadilla auf ein Brett gleiten lassen und in Ecken schneiden. Restliche Zutaten ebenso zu einer zweiten Quesadilla verarbeiten.

PRO PORTION (BEI 4)
15 g E, 20 g F, 32 g KH = 385 kcal (1615 kJ)

Die Füllung …

… gelingt auch mit 250 g TK-Spinat. Nach dem Auftauen gut ausdrücken und mit Zwiebeln und Knoblauch andünsten.

Spaghetti mit Walnuss-Pesto

Im Blitzhacker ist Pesto ratzfatz fertig – und mit Rauke superfrisch und total angesagt

FÜR 2 Portionen
ZUBEREITUNGSZEIT 25 Minuten

1 Einen großen Topf mit Wasser zum Kochen bringen. **1 Bund Rauke** verlesen, waschen und trocken schleudern. **25 g ital. Hartkäse** (z. B. Parmigiano reggiano) fein reiben. 25 g Rauke, Käse, **25 g Walnusskerne** und **3 El neutrales Öl** (z. B. Maiskeimöl) in den Blitzhacker geben und fein zerkleinern. **2 El Olivenöl** untermischen. **2** **200 g Spaghetti** und **Salz** ins kochende Wasser geben und nach Packungsanweisung garen. **1 El Walnusskerne** grob hacken. **3** Nudeln abgießen, dabei 150 ml Nudelwasser auffangen. Nudelwasser und Pesto in einer großen Schüssel mischen, die heißen Nudeln untermischen. Mit **Pfeffer** würzen, mit restlicher Rauke und den Walnusskernen anrichten.

PRO PORTION 19 g E, 24 g F, 71 g KH = 769 kcal (3218 kJ)

VOLL
AUF DIE
NUSS!

Graupen-Risotto

FÜR 2–3 Portionen • **ZUBEREITUNGSZEIT** 45 Minuten

1 **1 Zwiebel** und **1 Knoblauchzehe** fein würfeln. **700 ml Gemüsebrühe** aufkochen und warm halten. **12 Safranfäden** in 50 ml warmem Wasser einweichen. Blätter von **4 Stielen glatter Petersilie** hacken. 2 **2 El Olivenöl** in einem Topf erhitzen und Zwiebeln und Knoblauch darin glasig dünsten. **150 g Perlgraupen** zugeben und unter Rühren 2 Min. mitdünsten. Mit **50 ml Weißwein** ablöschen und einkochen. 3 Ein Drittel der Brühe zugießen und bei mittlerer Hitze unter Rühren einkochen, bis die Graupen die Flüssigkeit aufgenommen haben. Diesen Vorgang mit der restlichen Brühe zweimal wiederholen, sodass die Graupen 25 Min. kochen. Safran 5 Min. vor Ende der Garzeit untermischen. 4 **2 El geriebenen ital. Hartkäse** (z. B. Grana Padano) und **1 El Butter** untermischen. Graupen-Risotto mit Salz, Pfeffer und einigen Spritzern **Zitronensaft** abschmecken.
Mit **2 El geriebenem ital. Hartkäse** und Petersilie bestreut servieren.

PRO PORTION (BEI 3) 9 g E, 14 g F, 38 g KH = 327 kcal (1370 kJ)

Kohlrabi-Pfifferlings-Nudeln

FÜR 2 Portionen • **ZUBEREITUNGSZEIT** 30 Minuten

1 Einen großen Topf voll Wasser zum Kochen bringen. Inzwischen **1 Kohlrabi** schälen, halbieren und in 1,5 cm dicke Spalten schneiden. **150 g Pfifferlinge** putzen. Die Blättchen von **5 Stielen Thymian** abstreifen und hacken. 2 Das kochende Wasser mit **Salz** würzen und **180 g breite Bandnudeln** darin nach Packungsanweisung garen. Dabei die Kohlrabispalten 7 Min. mitgaren. 3 **1 El Butter** in einer großen Pfanne erhitzen, die Pfifferlinge darin rundherum 5 Min. braten. Mit **Salz**, **Pfeffer**, Thymian und frisch geriebener **Muskatnuss** würzen. **200 ml Schlagsahne** zugießen und aufkochen. 4 Nudeln und Kohlrabi abgießen, dabei 100 ml Nudelwasser auffangen. Alles unter die Pfifferlingssauce mischen.

PRO PORTION 17 g E, 39 g F, 71 g KH = 712 kcal (2978 kJ)

Gemüse-Pasta in cremiger Thymiansahne. Ein kleiner Traum!

Überbackene Nudelnester

FÜR 2 Portionen • **ZUBEREITUNGSZEIT** 30 Minuten • **PLUS BACKZEIT**

- **200 g Möhren**
- **180 g Lauch**
- **150 g kleine Champignons**
- **2 El Öl**
- **Salz**
- **Pfeffer**
- **200 g Spaghetti**
- **20 g weiche Butter**
- **150 ml Milch**
- **1 Ei (Kl. M)**
- **100 g Edelpilzkäse (z. B. von Bergader)**

Um die Finger gewickelt
Spaghetti portionieren und jeweils um vier Finger zu einem Nest wickeln, dabei mit dem Daumen zusammenhalten.

1 Möhren putzen, schälen und in 1 cm kleine Würfel schneiden. Lauch der Länge nach vierteln, ausspülen und in 1 cm breite Stücke schneiden. Champignons putzen und vierteln.

2 Öl in einer Pfanne erhitzen. Möhren darin unter Rühren 5 Min. bei mittlerer Hitze braten. Lauch und Pilze zugeben und weitere 5 Min. ebenso braten, salzen und pfeffern.

3 Spaghetti in reichlich kochendem Salzwasser nach Packungsanweisung bissfest garen. Eine Form (ca. 30 x 20 cm) mit Butter ausstreichen. Nudeln abgießen, abschrecken und sehr gut abtropfen lassen.

4 Nudeln in 8 Portionen teilen, zu Nestern wickeln und nebeneinander in die Form setzen. Gemüsemischung auf die Nester verteilen.

5 Milch, Ei und die Hälfte des Käses pürieren, leicht salzen und pfeffern. Mischung über die Nudelnester gießen. Restlichen Käse darüberkrümeln.

6 Im heißen Ofen bei 200 Grad auf dem Rost in der Ofenmitte 20 Min. überbacken (Umluft nicht empfehlenswert).

PRO PORTION 33 g E, 40 g F, 82 g KH = 833 kcal (3482 kJ)

Wer Gäste erwartet, macht
das Ganze auf einem Backblech
und vervielfacht die Zutaten

Pilz-Risotto

FÜR 2 Portionen • **ZUBEREITUNGSZEIT** 35 Minuten

1 **800 ml Gemüsebrühe** erhitzen, warm halten. **10 g getrocknete Steinpilze** in 50 ml heißem Wasser 10 Min. einweichen. **1 Zwiebel** und **1 Knoblauchzehe** fein würfeln. **150 g gemischte Pilze** (z. B. Champignons und Kräuterseitlinge) putzen und in dicke Scheiben schneiden. **½ Bund glatte Petersilie** hacken. Steinpilze über einem Sieb abgießen und die Flüssigkeit auffangen. Steinpilze hacken. 2 **1 El Olivenöl** und **1 El Butter** in einem Topf erhitzen. Zwiebeln, Knoblauch und gehackte Steinpilze darin 2 Min. dünsten. **120 g Risotto-Reis** zugeben und unter Rühren kurz mitdünsten. Mit **100 ml Weißwein** und dem Steinpilzwasser ablöschen und stark einkochen. 3 Gerade so viel Brühe zugießen, dass der Reis bedeckt ist. Offen bei mittlerer Hitze unter häufigem Rühren 20 Min. garen. Immer wieder etwas heiße Brühe zugießen, sobald sie vom Reis fast aufgesogen ist. 7 Min. vor Ende der Garzeit Pilze untermischen und mitgaren. 4 **50 g ital. Hartkäse** (z. B. Parmigiano reggiano) reiben. Die Hälfte des Käses in den Risotto geben. Mit Salz, Pfeffer, **1 Tl fein abgeriebener Bio-Zitronenschale** und einigen Spritzern **Zitronensaft** würzen. Mit restlichem Käse und Petersilie bestreuen und mit **1 El Olivenöl** beträufelt servieren.

PRO PORTION 17 g E, 25 g F, 50 g KH = 518 kcal (2170 kJ)

Möhren, Rosmarin und Knoblauch machen aus gefüllten Nudeln ein Schmankerl!

IN 20 MINUTEN FERTIG!

Möhren-Pasta

FÜR 2 Portionen • **ZUBEREITUNGSZEIT** 20 Minuten

1 Einen großen Topf voll Wasser zum Kochen bringen. Inzwischen Nadeln von **1 Zweig Rosmarin** streifen und fein hacken. **250 g Möhren** schälen. Möhren und **1 Knoblauchzehe** am besten im Blitzhacker klein hacken. In einer großen Pfanne mit **2 El Butter** und **2 El Olivenöl** andünsten. Mit **Salz**, **1 Prise Zucker** und Rosmarin würzen und 10 Min. bei milder bis mittlerer Hitze weiterdünsten. **2** Das kochende Wasser salzen und **500 g Cappelletti** (Kühlregal, mit Spinat-Ricotta-Füllung, ersatzweise Tortellini) nach Packungsanweisung darin garen. Abgießen und tropfnass unter die Möhren mischen. Mit **1 Prise getrockneten Chiliflocken** würzen und mit **4 El geriebenem ital. Hartkäse** (z. B. Grana Padano) bestreut servieren.

PRO PORTION 23 g E, 39 g F, 68 g KH = 722 kcal (3036 kJ)

Sellerieschnitzel

FÜR 2 Portionen • **ZUBEREITUNGSZEIT** 45 Minuten

- **½ Sellerieknolle (ca. 400 g)**
- **Salz**
- **3 El Mayonnaise**
- **150 g Vollmilchjoghurt**
- **1 Tl Bio-Zitronenschale**
- **½ kleiner Apfel**
- **1 El Zitronensaft**
- **Pfeffer**
- **100 g Mehl**
- **100 g Semmelbrösel**
- **2 Eier (Kl. M)**
- **2 El Milch**
- **100 ml Öl**
- **1 El Butterschmalz**

1 Sellerieknolle schälen und in 1,5 cm dicke Spalten schneiden. In reichlich kochendem Salzwasser 10 Min. garen, abschrecken und gut abtropfen lassen.

2 Inzwischen Mayonnaise, Joghurt und Zitronenschale verrühren. Apfel halbieren, entkernen und fein würfeln. Mit Zitronensaft beträufeln und anschließend unter die Mayonnaise mischen. Mit Salz und Pfeffer würzen.

3 Mehl, Semmelbrösel und Eier getrennt in tiefe Teller geben. Eier mit Milch, Salz und Pfeffer verquirlen. Die Selleriespalten erst in Mehl, dann in den Eiern, zuletzt in den Bröseln wenden. Die Brösel gut andrücken.

4 Öl und Butterschmalz in einer Pfanne erhitzen, die Selleriespalten darin in 2 Portionen bei mittlerer Hitze von jeder Seite 3–4 Min. ausbacken. Auf einem Teller im Ofen bei 100 Grad (Umluft 80 Grad) warm halten. Mit der Apfelmayonnaise servieren.

PRO PORTion 19 g E, 68 g F, 59 g KH = 934 kcal (3911 kJ)

Krosse Hülle, würziges Gemüse, cremiger Dip: nicht nur für Vegetarier ein Fest!

Mit Frischkäse, Kürbiskernöl und Kürbiskernen werden die Goldstücke zur Sensation

Kartoffel-Kürbis-Rösti

FÜR 2 Portionen • **ZUBEREITUNGSZEIT** 45 Minuten

- **20 g Kürbiskerne**
- **4 Stiele Thymian**
- **250 g Hokkaido-Kürbis**
- **400 g vorwiegend festkochende Kartoffeln**
- **Salz**
- **Pfeffer**
- **2 El Butterschmalz**
- **200 g körniger Frischkäse**
- **1–2 El Kürbiskernöl**

Frisch & vielseitig

Körniger Frischkäse, auch Hüttenkäse oder Cottage Cheese genannt, wird aus pasteurisierter Magermilch hergestellt. Die „Körner" werden mit fermentierter Sahne und Salz aromatisiert und schmecken auch lecker als süßer Brotaufstrich mit Konfitüre oder Honig.

1 Kürbiskerne in einer Pfanne ohne Fett rösten. Thymianblättchen von den Stielen streifen und hacken. Kürbis entkernen und schälen. Kartoffeln schälen. Kürbis und Kartoffeln raspeln, mit Thymian mischen, mit 1 Prise Salz und Pfeffer würzen.

2 1 El Butterschmalz in einer beschichteten Pfanne (18 cm Ø) erhitzen. Die Hälfte der Kartoffel-Kürbis-Masse in die Pfanne geben und etwas flach drücken. Bei mittlerer Hitze 7 Min. braten. Vorsichtig wenden (am besten mit einer Palette!) und weitere 7 Min. braten. Rösti auf einen Teller geben und im Ofen bei 100 Grad auf der mittleren Schiene warm halten (Umluft nicht empfehlenswert). Erneut 1 El Butterschmalz in der Pfanne erhitzen und aus der restlichen Kartoffel-Kürbis-Masse Rösti braten.

3 Kürbiskerne grob hacken. Frischkäse mit Kürbiskernen und Kürbiskernöl mischen. Rösti salzen und mit Kürbiskern-Frischkäse servieren.

PRO PORTION 21 g E, 26 g F, 32 g KH = 455 kcal (1906 kJ)

Mit Roter Bete, Möhren, Zwiebeln, Ingwer und Kokosmilch eine Leichtigkeit für Vegetarier

Kichererbsen-Curry

FÜR 2 Portionen • **ZUBEREITUNGSZEIT** 35 Minuten

- **200 ml Gemüsebrühe**
- **1 Rote-Bete-Knolle (200 g)**
- **Salz**
- **200 g Möhren**
- **1 Zwiebel**
- **10 g frischer Ingwer**
- **1 El Öl**
- **Zucker**
- **1–2 Tl Currypulver (je nach Schärfegrad)**
- **100 ml fettreduzierte Kokosmilch**
- **1 Dose Kichererbsen (265 g Abtropfgewicht)**
- **Limettensaft**
- **50 g Sprossen (z. B. Alfalfa- oder Radieschensprossen)**

1 Gemüsebrühe in einem Topf aufkochen. Rote-Bete-Knolle schälen, halbieren und in 1 cm breite Spalten schneiden. In die Gemüsebrühe geben, salzen und zugedeckt bei mittlerer Hitze 15 Min. garen.

2 Möhren schälen und in ½ cm breite Scheiben schneiden. Zwiebel würfeln. Ingwer schälen und fein reiben.

3 Öl in einem Topf erhitzen. Möhren und Zwiebeln darin andünsten. 1 Prise Zucker, Currypulver und den Ingwer zugeben und kurz mitdünsten, salzen. Kokosmilch zugießen und die Möhren zugedeckt bei milder Hitze 5 Min. garen.

4 Kichererbsen abgießen, kalt abspülen und abtropfen lassen. Zu den Möhren geben und 5 Min. erhitzen. Alles unter die Rote Bete mischen, mit Salz und 1 Spritzer Limettensaft abschmecken und mit Sprossen servieren.

PRO PORTION 13 g E, 13 g F, 40 g KH = 344 kcal (1440 kJ)

Supersprossen

Von Alfalfa- bis Mungobohnen: Sprossen sind knackig frisch und liefern auf Brot, über Salate oder Eintöpfe gestreut reichlich Vitamine und Mineralstoffe on top. Im Kühlschrank lagern und vor dem Verzehr im Sieb einmal kalt abspülen.

Pfifferling-Bohnen-Pasta

FÜR 2 Portionen • **ZUBEREITUNGSZEIT** 30 Minuten

1 **200 g Pfifferlinge** putzen, je nach Größe halbieren. **1 kleine Zwiebel** und **1 Knoblauchzehe** fein würfeln. **300 g grüne Bohnen** putzen und halbieren. Blätter von **3 Stielen Bohnenkraut** und **2 Stielen glatter Petersilie** von den Stielen zupfen, hacken. **2** **120 g Nudeln** (z. B. Spirelli) in reichlich kochendem Salzwasser nach Packungsanweisung garen. Bohnen 8–10 Min. mitgaren. **3** Inzwischen **½ El Olivenöl** in einer Pfanne erhitzen. Pilze darin bei starker Hitze 3 Min. braten. Zwiebeln und Knoblauch zugeben, bei mittlerer Hitze 3 Min. mitbraten. Mit **Salz** und **Pfeffer** würzen. 100 ml Wasser und **100 ml Kochsahne** (15 %) zugießen und aufkochen. Die Hälfte der Kräuter untermischen. **4** Nudeln und Bohnen abgießen, in der Pfanne mit der Pfifferlingssauce mischen. Mit **Salz**, **Pfeffer** und **1–2 Tl Zitronensaft** würzen. Mit den restlichen Kräutern bestreuen.

PRO PORTION 14 g E, 12 g F, 52 g KH = 377 kcal (1574 kJ)

Für Saisongemüse-Fans – mit Nudeln in leichter Rahmsauce

DAS 15 MINUTEN REZEPT

Zucchini-Pasta

FÜR 2 Portionen • **ZUBEREITUNGSZEIT** 15 Minuten

1 Wasser für die Nudeln zum Kochen bringen. **1 Zwiebel** fein würfeln. In **2 El heißem Olivenöl** 4–5 Min. andünsten. Nudelwasser salzen, **200 g Linguine** zugeben und nach Packungsanweisung garen.

2 **4 Tl Tomaten-Pesto** (Glas) und 100 ml vom Nudelwasser zu den Zwiebeln geben und offen 2 Min. kochen. **1 Zucchini** (ca. 250 g) putzen und grob raspeln. Nudeln abgießen, dabei 100 ml Nudelwasser auffangen. Beides mit den Zucchini-Raspeln in die Pfanne geben und vermischen. Mit **Salz**, **Pfeffer** und **1–2 Tl Zitronensaft** würzen. Mit **40 g geriebenem ital. Hartkäse** (z. B. Grana Padano) bestreut servieren.

PRO PORTION 22 g E, 31 g F, 82 g KH = 715 kcal (2990 kJ)

Mit Tomaten-Pesto und
Zucchini-Raspeln
eine Eins-a-Blitz-Pasta

Rote-Bete-Gemüse mit Bulgur

FÜR 2 Portionen • **ZUBEREITUNGSZEIT** 45 Minuten

- **½ Tl Koriandersaat**
- **Salz**
- **300 g Rote Bete**
- **1 kleine Zwiebel**
- **½ El Öl**
- **1 Dose Kichererbsen (240 g Abtropfgewicht)**
- **300 ml Gemüsebrühe**
- **70 g Bulgur**
- **3 Stiele Dill**
- **125 g körniger Frischkäse**

Rote Bete

Werden frische Knollen geschält und dann geschnitten, sind die Finger im Nu rot gefärbt. Davor schützen Einweghandschuhe, die es in Apotheken oder Drogeriemärkten gibt.

1 Koriander und ½ Tl Salz in einem Mörser fein zerstoßen und beiseitestellen. Rote Bete putzen und schälen. Knollen mit einem großen Messer erst in 1 cm dicke Scheiben, dann in ebenso dicke Stifte schneiden. Zwiebel fein würfeln. Öl in einem mittelgroßen Topf erhitzen, Zwiebeln darin bei mittlerer Hitze glasig braten. Rote Bete untermischen, mit dem Koriandersalz würzen und 4 El Wasser zugeben. Zugedeckt bei milder Hitze 2 Min. dünsten.

2 Kichererbsen in einem Sieb abspülen und abtropfen lassen. Brühe in einem kleinen Topf aufkochen. Bulgur zugeben und zugedeckt bei mildester Hitze nach Packungsanweisung ausquellen lassen.

3 Dillspitzen abzupfen, fein schneiden und mit dem körnigen Frischkäse mischen. Kichererbsen unter die Rote Bete mischen und 2–3 Min. erwärmen. Bulgur mit einer Gabel auflockern und mit Rote-Bete-Kichererbsen-Gemüse und Frischkäse anrichten.

PRO PORTION 22 g E, 7 g F, 58 g KH = 396 kcal (1658 kJ)

Die Kichererbsen im Gericht halten lange satt. Top dazu: der Dill-Frischkäse-Klacks

Linsenbratlinge

FÜR 4 Portionen • **ZUBEREITUNGSZEIT** 40 Minuten • **PLUS KÜHL - UND WARTEZEIT**

1 **1 Zwiebel** und **1 Knoblauchzehe** fein würfeln. Beides in **2 El Olivenöl** andünsten. **100 g rote Linsen** zugeben, mit **Salz, Pfeffer, ¼ Tl scharfem Paprikapulver** und **¼ Tl gemahlenem Kreuzkümmel** würzen. **250 ml Gemüsebrühe** zugießen und zugedeckt bei milder Hitze 15 Min. garen, bis alle Flüssigkeit aufgenommen ist. In eine Schüssel füllen und abkühlen lassen. 2 **4 Stiele glatte Petersilie** abzupfen und fein hacken, mit **40 g blütenzarten Haferflocken** und **2 El griechischem Sahnejoghurt** unter die abgekühlten Linsen mischen. 5 Min. quellen lassen. Evtl. nachwürzen. Mit leicht angefeuchteten Händen zu ca. 8 Bratlingen formen, dann von beiden Seiten in **40 g Sesamsaat** wenden. In **4–5 El heißem Olivenöl** bei mittlerer Hitze von jeder Seite 4–5 Min. braten. **100 g griechischen Sahnejoghurt**, etwas **Salz, ¼ Tl Chiliflocken** und **2 El Olivenöl** verrühren. Zu den Bratlingen servieren.

PRO PORTION
10 g E, 29 g F, 19 g KH = 390 kcal (1636 kJ)

Mit Joghurt, blütenzarten Haferflocken und Kreuzkümmel die weltbeste Veggie-Frikadelle

Zitronen-Rosenkohl-Pasta

FÜR 2 Portionen • **ZUBEREITUNGSZEIT** 30 Minuten

1 **300 g Rosenkohl** putzen und halbieren, **½ rote Pfefferschote** in Ringe schneiden. Einen großen Topf mit Wasser zum Kochen bringen. **2** **2 El Butter** in einer großen Pfanne schmelzen. Rosenkohl darin rundherum hellbraun anbraten. Pfefferschoten zugeben, mit **Salz** würzen, 5 El Wasser zugeben und bei mittlerer Hitze zugedeckt 10 Min. garen. Mit **1 Tl abgeriebener Bio-Zitronenschale** und **1–2 Tl Zitronensaft** würzen. **3** Inzwischen **200 g Vollkorn-Muschelnudeln** mit **Salz** ins kochende Wasser geben und nach Packungsanweisung garen. Nudeln abgießen und dabei 50 ml Nudelwasser auffangen. Nudeln und Nudelwasser unter den Rosenkohl mischen. Mit **30 g geriebenem ital. Hartkäse** (z. B. Grana Padano) bestreut servieren.

PRO PORTION 23 g E, 19 g F, 64 g KH = 536 kcal (2244 kJ)

Frisch und fantastisch!
Die wohl leckerste vegetarische
Pasta der Saison

Panierter Ziegenkäse

FÜR 4 Portionen • **ZUBEREITUNGSZEIT** 15 Minuten

1 **1 Ei** (Kl. M) in einem tiefen Teller verquirlen. **4 El Mehl** und **5 El Semmelbrösel** auf je einen Teller geben. **8 Ziegenkäsetaler** (z. B. Picandou, à 40 g) nacheinander in Mehl, Ei und Semmelbröseln panieren und in **4–5 El heißem Öl** in einer großen Pfanne bei mittlerer Hitze 5–6 Min. goldbraun braten, dabei einmal wenden. **2** Taler mit dem Kartoffelsalat und **6 El Himbeerkonfitüre** (ersatzweise Preiselbeerkonfitüre) anrichten.

PRO PORTION 20 g E, 28 g F, 37 g KH = 494 kcal (2071 kJ)

Entspannt in Etappen

Den Salat können Sie super vorbereiten: ca. 5 Stunden bevor die Gäste kommen Kartoffeln kochen, pellen und in der Brühe ziehen lassen. Feldsalat verlesen, putzen und waschen und kurz vor dem Servieren unterheben. Fertig!

Kartoffel-Feldsalat-Salat

FÜR 4 Portionen • **ZUBEREITUNGSZEIT** 1 Stunde • **PLUS ZEIT ZUM DURCHZIEHEN**

1 **600 g mittelgroße festkochende Kartoffeln** waschen und mit Wasser bedeckt zugedeckt aufkochen. Bei milder Hitze 20 Min. kochen. Inzwischen **2 Schalotten** fein würfeln und in **1 El Rapskernöl** bei mittlerer Hitze 3 Min. glasig dünsten. **300 ml Gemüsebrühe** zugeben und aufkochen. **3 El Weißweinessig** unterrühren und kräftig mit **Salz** und **Pfeffer** würzen. Von der Kochstelle nehmen und **3 El Rapskernöl** mit einem Schneebesen unterrühren. **2** Kartoffeln abschrecken und abtropfen lassen. Kartoffeln heiß pellen und in ½ cm dicken Scheiben direkt in die Brühe schneiden. Kartoffeln vorsichtig mischen und abgedeckt 2 Std. durchziehen lassen. **3** **150 g Feldsalat** verlesen, putzen und waschen. Salat trocken schleudern. Feldsalat vor dem Servieren vorsichtig unter den Kartoffelsalat heben.

PRO PORTION 3 g E, 10 g F, 19 g KH = 188 kcal (786 kJ)

PANIERTER ZIEGENKÄSE MIT KARTOFFEL-FELDSALAT-SALAT

Eine Wucht zu Weihnachten: milder Käse in zarter Hülle und frischer Salat.

Kürbiscurry

FÜR 2 Portionen • **ZUBEREITUNGSZEIT** 25 Minuten

- **1 Dose Kichererbsen (400 g)**
- **500 g Hokkaido-Kürbis**
- **1 Bund Frühlingszwiebeln**
- **3 Tomaten**
- **3 El Öl**
- **1 Tl scharfes Currypulver**
- **400 ml Gemüsebrühe**
- **Salz**
- **1 El Aprikosenkonfitüre**
- **etwas Limettensaft**

1 Kichererbsen abgießen, in einem Sieb kalt abspülen, gut abtropfen lassen. Kürbis putzen, dabei die Kerne mit einem Esslöffel herauskratzen. Kürbisfleisch ca. 1,5 cm groß würfeln. Frühlingszwiebeln putzen, das Weiße fein würfeln, das Hellgrüne in dünne Ringe schneiden. Eine Küchenreibe auf einen Teller stellen und die Tomaten so reiben, dass die Haut am Ende übrig bleibt.

2 Öl in einem Topf erhitzen, Kürbis- und Zwiebelwürfel darin andünsten. Currypulver zugeben und kurz mitdünsten. Brühe, geriebene Tomaten und Kichererbsen zugeben, aufkochen. Alles salzen und zugedeckt bei mittlerer Hitze 10–12 Min. garen. Mit Salz, Konfitüre und 1 Spritzer Limettensaft abschmecken. Mit den Zwiebelringen bestreut servieren. Dazu passt Basmati-Reis.

PRO PORTION 13 g E, 19 g F, 46 g KH = 420 kcal (1762 kJ)

Currypulver …

… ist eine Mischung aus verschiedenen Gewürzen. Drin stecken u. a. Bockshornklee, Koriander, Kardamom, Chilipulver, Pfeffer, Ingwer, Nelken und meist Kurkuma, welches für eine intensive Gelbfärbung sorgt. Tipp: Wer es weniger scharf mag, nimmt mildes Currypulver oder reduziert das scharfe.

LECKER VEGAN

KÜRBISCURRY
Aprikosenkonfitüre macht das Curry mit Kichererbsen schön fruchtig. Überindisch gut!

Winter-Ratatouille

FÜR 2 Portionen • **ZUBEREITUNGSZEIT** 35 Minuten

1 **1 kleine Aubergine** putzen und 1,5 cm groß würfeln. **1 Tl Öl** in einer großen beschichteten Pfanne erhitzen. Auberginen darin hellbraun braten und dabei mit **Salz** würzen. **2** Inzwischen **4 Möhren** schälen und in Scheiben schneiden. Auberginen auf einen Teller geben. Möhren mit **1 Tl Öl** in der Pfanne andünsten. **1 Knoblauchzehe** fein hacken, zusammen mit **1 Tl mildem Currypulver** zugeben und kurz mitdünsten. **1 Dose stückige Tomaten** (400 g) und 100 ml Wasser zugeben. Aufkochen, mit **Salz** und **1 Prise Zucker** würzen. Bei milder Hitze 10 Min. garen. **3** **100 g Couscous** mit etwas **Salz** in einer Schüssel mit 150 ml kochendem Wasser übergießen. Zugedeckt mind. 5 Min. quellen lassen. **4** **1 El geröstete und gesalzene Cashewkerne** grob hacken. **10 Minzblätter** fein schneiden und zusammen mit den Auberginen unter die Sauce mischen. Kurz erhitzen und mit Couscous anrichten. Mit einigen **Minzblättchen** und den Cashewkernen bestreut servieren.

PRO PORTION 10 g E, 8 g F, 52 g KH = 330 kcal (1385 kJ)

Auberginen, Möhren und Tomaten mit Couscous sind ein Super-Sattmacher

Schwarzwurzeln in Rahm

FÜR 2 Portionen • **ZUBEREITUNGSZEIT** 40 Minuten

1 **3 El Weißweinessig**, **1 El Mehl** und 1 l Wasser verrühren. **400 g Schwarzwurzeln** waschen, schälen und beide Enden abschneiden. Die Wurzeln erneut waschen, schräg in 1 cm dicke Stücke schneiden und ins Essigwasser legen, damit sie sich nicht verfärben. 2 **1 kleine Zwiebel** würfeln und in **20 g Butter** und **1 El Öl** glasig dünsten. Die abgetropften Schwarzwurzeln zugeben und 3 Min. mitdünsten, salzen und pfeffern. **150 ml Schlagsahne** zugeben, aufkochen und bei milder Hitze 20–25 Min. köcheln lassen.
3 Mit **1 Tl fein abgeriebener Bio-Zitronenschale** und **1–2 Tl Zitronensaft** abschmecken und mit **2 El Schnittlauchröllchen** bestreut anrichten. Dazu passen Frikadellen.

PRO PORTION 3 g E, 37 g F, 5 g KH = 373 kcal (1561 kJ)

Schmeckt wie bei Muttern – nur noch viel besser!

AUS DEM OFEN

Ofengerichte sind doppelter Genuss: Zuerst verbreitet sich großartiger Duft in der ganzen Wohnung und dann kann man die köstlichen Speisen langsam genießen. Freuen Sie sich auf gebackenes Frühlingsgemüse, Spinat-Nudel-Auflauf, Kräuter-Soufflé oder Tomaten-Mozzarella-Gratin.

GEMÜSE-GRATIN

Unser Liebling für den Winter mit Kürbis, Möhren, Pastinaken und Kartoffeln.

→ Rezept auf Seite 311

Nudel-Gemüse-Auflauf

FÜR 2 Portionen • **ZUBEREITUNGSZEIT** 10 Minuten plus 30 Minuten Backzeit

- **3 El Öl**
- **150 g TK-Suppengrün (gewürfelt)**
- **1 kleine Knoblauchzehe**
- **500 ml passierte Tomaten**
- **Salz**
- **Pfeffer**
- **Zucker**
- **1 Tl getrockneter Oregano**
- **200 g kurze Makkaroni**
- **50 g geriebener ital. Hartkäse (z. B. Grana Padano)**
- **1 Kugel Mozzarella (125 g)**

1 Den Ofen auf 180 Grad (Umluft 160 Grad) vorheizen. Öl in einem weiten Topf erhitzen, Suppengrün darin andünsten, Knoblauch dazupressen, kurz mitdünsten. Passierte Tomaten und 250 ml Wasser zugießen und aufkochen. Kräftig mit Salz, Pfeffer, 1 Prise Zucker und Oregano würzen. Nudeln untermischen.

2 Alles in eine Auflaufform (ca. 25 x 15 cm) geben und mit dem geriebenen Käse bestreuen. Mozzarella mit Küchenpapier trocken tupfen, grob zerzupfen und über den Nudeln verteilen.

3 Im heißen Ofen auf einem Rost auf der mittleren Schiene 30 Min. backen.

PRO PORTION 33 g E, 36 g F, 81 g KH = 800 kcal (3350 kJ)

Suppengrün ist fix und fertig geschnippelt und tiefgekühlt ein Hauptgewinn für Eilige. Probieren Sie auch mal andere TK-Gemüsemischungen aus dem Supermarktsortiment. Im Winter eine gute Alternative zu frischem Gemüse.

Zehn Minuten Zubereitung, den Rest macht der Ofen. Genial, oder? Und dann noch diese Käsekruste!

Gemüse in salzigem Pfannkuchenteig
mit Ziegenfrischkäse on top –
oder Clafoutis auf herrlich herzhafte Art

Broccoli-Tomaten-Auflauf

FÜR 2 Portionen • **ZUBEREITUNGSZEIT** 40 Minuten plus Auftauzeit

- **300 g TK-Broccoli**
- **150 g Kirschtomaten**
- **2 Ziegenfrischkäsetaler (à 30 g)**
- **2 Eier (Kl. M)**
- **100 ml Milch**
- **60 ml Schlagsahne**
- **4 El Mehl**
- **½ Tl getrockneter Oregano**
- **Salz**
- **Pfeffer**
- **Muskatnuss**

1 Broccoli nach Packungsanweisung in einem Sieb auftauen, dabei gut abtropfen lassen. Kirschtomaten halbieren. Broccoli mit den Kirschtomaten in 2 gefettete Auflaufförmchen (à ca. 15 cm Ø) geben. Ziegenfrischkäse darüberbröseln. Den Ofen auf 200 Grad (Umluft 180 Grad) vorheizen.

2 Eier, Milch, Sahne, Mehl und Oregano verquirlen, mit Salz, Pfeffer und Muskat würzen. Über den Förmchen verteilen. Im heißen Ofen auf der mittleren Schiene 20 Min. backen.

PRO PORTION 22 g E, 21 g F, 33 g KH = 418 kcal (1745 kJ)

Den Pfannkuchenteig **jeweils zur Hälfte** in die Förmchen mit dem Gemüse gießen – oder einen großen Auflauf machen.

So geht's auch!

Wer lieber frischen Broccoli mag, blanchiert die geputzten Röschen ca. 2 Min. in kochendem Salzwasser und schreckt sie dann kurz mit kaltem Wasser ab.

Eier-Spargel-Quiche
So bleiben Sie entspannt: am Vortag backen und Ostern im Ofen erwärmen.

Eier-Spargel-Quiche

FÜR 8 Stücke • **ZUBEREITUNGSZEIT** 1 Stunde • **PLUS KÜHL- UND BACKZEIT**

- **250 g Mehl**
- **1 Msp. Backpulver**
- **Salz**
- **8 Eier (Kl. M)**
- **125 g zimmerwarme Butter**
- **500 g grüner Spargel**
- **1 Zwiebel**
- **2 El Öl**
- **Pfeffer**
- **2 El Semmelbrösel**
- **200 ml Schlagsahne**

1 Mehl, Backpulver und Salz in einer Schüssel mischen. In die Mitte eine Vertiefung drücken und 1 Ei hineingeben. Butter in Stückchen auf den Mehlrand setzen. Mit den Knethaken des Handrührers schnell zu einem glatten Teig verkneten. Teig zwischen Klarsichtfolie flach drücken und 30 Min. kalt stellen.

2 4 Eier anstechen und in 10 Min. hart kochen. Spargel nur im unteren Drittel schälen, Enden abschneiden. Stangen in 5 cm lange Stücke schneiden. Zwiebel fein würfeln. Eier abschrecken, pellen und halbieren.

3 Öl in einer Pfanne erhitzen, Zwiebeln darin bei mittlerer Hitze glasig braten. Spargel zugeben und 6 Min. mitbraten, dabei gelegentlich wenden. Spargel salzen und pfeffern und in der Pfanne beiseitestellen.

4 Quiche-Form (26 cm Ø rund oder 30 x 24 cm oval, jeweils 4 cm hoch) fetten. Teig zwischen 2 Backpapierstücken 4 cm größer als die Form ausrollen, oberes Papier abziehen, Teig in die Form stürzen. Teig an den Rand der Form drücken, Papier abziehen. Teigboden mit einer Gabel mehrfach einstechen und mit Semmelbröseln bestreuen.

5 Spargel auf dem Teig verteilen, Eihälften dazwischensetzen. Sahne und 3 Eier verquirlen, salzen und pfeffern. Gleichmäßig über Eiern und Spargel verteilen. Im heißen Ofen bei 200 Grad (Umluft 180 Grad) auf dem Rost im unteren Drittel 35–40 Min. backen. Vor dem Anschneiden 10 Min. auf einem Rost abkühlen lassen.

PRO STÜCK 12 g E, 29 g F, 27 g KH = 420 kcal (1760 kJ)

Gebackenes Frühlingsgemüse

FÜR 2 Personen • **ZUBEREITUNGSZEIT** 50 Minuten

- **6 Bundmöhren (350 g)**
- **500 g grüner Spargel**
- **2 rote Zwiebeln**
- **1 El flüssiger Honig**
- **4 El Olivenöl**
- **Salz**
- **½ Bio-Zitrone**
- **200 g Feta**
- **Chiliflocken**

1 Den Ofen auf 200 Grad (Umluft 180 Grad) vorheizen. Möhren schälen und längs halbieren. Vom Spargel die Enden abschneiden und die unteren Stangendrittel schälen. Zwiebeln in Spalten schneiden. Alles auf ein mit Backpapier belegtes Blech geben. Mit Honig und 2 El Öl beträufeln und salzen. Ein weiteres Stück Backpapier auf das Gemüse legen, so trocknet es nicht aus. Im heißen Ofen auf der mittleren Schiene 30 Min. garen.

2 Zitrone in Spalten schneiden. Feta halbieren. Gemüse aus dem Ofen nehmen. Backofengrill (240 Grad) vorheizen. Feta und Zitronenspalten auf das Gemüse legen. Mit 2 El Öl beträufeln und unter dem heißen Grill auf der mittleren Schiene 5–10 Min. hellbraun überbacken. Mit Chiliflocken bestreut servieren.

PRO PORTION 20 g E, 44 g F, 22 g KH = 595 kcal (2488 kJ)

Ofengemüse mit gebackenem Feta ist nicht nur supersimpel, sondern auch wunderbar würzig

Spargel, neue Kartoffeln und Tomaten-Ziegenkäse-Joghurt. Genial!

Ofenkartoffeln mit Spargel

FÜR 2 Portionen
ZUBEREITUNGSZEIT 45 Minuten

1 **400 g Frühkartoffeln** waschen, abbürsten und trocknen. Halbierte Kartoffeln mit **2 Tl Öl** mischen und auf ein mit Backpapier ausgelegtes Blech geben, salzen und pfeffern. Im heißen Ofen bei 220 Grad (Umluft 200 Grad) auf der mittleren Schiene 25 Min. goldbraun backen.

2 **15 g getrocknete Tomaten** (ohne Öl) sehr fein würfeln. Mit **100 g Ziegenfrischkäse Natur leicht** (8 %), **50 g Vollmilchjoghurt** und **1 Tl fein abgeriebener Bio-Zitronenschale** verrühren, salzen und pfeffern.

3 Unteres Drittel von **500 g grünem Spargel** schälen, Enden abschneiden. Halbierte Stangen mit **1 Tl Öl**, Salz und 1 Prise Zucker mischen. Zwischen den Kartoffeln verteilen und weitere 10 Min. backen.

4 Blättchen von **2 Stielen Basilikum** fein schneiden. Unter den Käse mischen und mit den Ofenkartoffeln anrichten.

PRO PORTION 13 g E, 10 g F, 33 g KH = 284 kcal (1188 kJ)

Spinat-Nudel-Auflauf

FÜR 2 Portionen • **ZUBEREITUNGSZEIT** 40 Minuten

1 **375 g TK-Blattspinat** (aufgetaut) kräftig ausdrücken und grob hacken. **1 Zwiebel** und **1 Knoblauchzehe** fein würfeln. **150 g Gouda** raspeln. **200 g kurze Nudeln** (z. B. Penne) nach Packungsanweisung in reichlich kochendem Salzwasser bissfest garen. 2 Inzwischen **2 El Öl** in einer großen Pfanne erhitzen, Zwiebeln und Knoblauch darin glasig dünsten. Spinat und **2 El Rosinen** zugeben und bei mittlerer Hitze kurz mitdünsten. **200 ml Kochsahne** und 100 ml Wasser zugießen und erhitzen. Mit Salz, Pfeffer, **1 Msp. Chiliflocken** und **1 Tl abgeriebener Bio-Zitronenschale** würzen. 3 Nudeln abgießen und heiß unter die Spinatsauce mischen. Zusammen mit ⅔ des Käses in eine Auflaufform (25 x 15 cm) schichten und am Schluss mit dem restlichen Käse bestreuen. Auf dem Rost im heißen Ofen bei 200 Grad 15–20 Min. goldbraun überbacken (Umluft nicht empfehlenswert).

PRO PORTION 36 g E, 50 g F, 84 g KH = 952 kcal (3981 kJ)

Ricotta-Börek

FÜR 8 Stück • **ZUBEREITUNGSZEIT** 30 Minuten

1 Die Blättchen von **6 Stielen Thymian** abzupfen und mit **250 g Ricotta** verrühren. 2 **1 Blatt Yufka-Teig** (Kühlregal) auf die Arbeitsfläche legen und dünn mit **Olivenöl** einstreichen. **1 weiteres Blatt Yufka-Teig** darauflegen und ebenfalls mit **Öl** einstreichen. Dann wieder mit **1 Blatt Yufka-Teig** bedecken. Teig in 4 Quadrate schneiden. 3 Teigquadrate mit der Hälfte des Thymian-Ricottas und **60 g Tomaten-Pesto** (Glas) einstreichen. Teig aufrollen und an den Enden etwas zusammendrücken. Teigröllchen auf ein mit Backpapier belegtes Blech legen und dünn mit **Olivenöl** einstreichen. **3 weitere Blätter Yufka-Teig** und restliche Ricotta-Masse ebenso verarbeiten. 4 Ricotta-Röllchen im heißen Ofen bei 200 Grad (Umluft 180 Grad) auf der mittleren Schiene 15–20 Min. goldbraun backen und sofort servieren.

PRO STÜCK 4 g E, 12 g F, 14 g KH = 182 kcal (760 kJ)

Türkischer Snack für Veggies: Thymian-Ricotta und Tomaten-Pesto in knusprigem Yufka-Teig

In Tortenstücken mit Blattsalat oder mundgerecht gewürfelt mit Holzspießen als Fingerfood servieren. **Schmeckt warm oder kalt.**

PRIMA FÜR PARTYS

Spanische Tortilla

FÜR 4 Portionen • **ZUBEREITUNGSZEIT** 40 Minuten

- **600 g Kartoffeln**
- **5 El Öl**
- **½ Bund glatte Petersilie**
- **6 Eier (Kl. M)**
- **80 ml Milch**
- **Salz**
- **Pfeffer**
- **frisch geriebene Muskatnuss**

Kartoffeln als Pellkartoffeln garen, pellen, vollständig abkühlen lassen. In ½ cm dicke Scheiben schneiden. In 3 El Öl in einer beschichteten ofenfesten Pfanne unter gelegentlichem Wenden 6–8 Min. goldbraun braten. Petersilienblättchen hacken.

Ofen auf 180 Grad (Umluft 160 Grad) vorheizen. Eier, Milch und Petersilie **in einer Schüssel** verrühren. Mit Salz, Pfeffer und Muskat würzen. Kartoffeln untermischen. Pfanne mit 2 El Öl auspinseln. Kartoffel-Ei-Mischung in der Pfanne verteilen.

Im heißen Ofen auf der mittleren Schiene 20–25 Min. stocken lassen. **Garprobe mit der Rückseite eines Teelöffels** machen. Wenn die Eiermilch noch weich ist, weitere 5 Min. stocken lassen.

Tortilla aus dem Ofen nehmen. **Einen großen Teller auf die Pfanne legen,** zusammen mit der Pfanne zügig umdrehen und die Tortilla auf den Teller stürzen.

PRO PORTION 13 g E, 21 g F, 21 g KH = 336 kcal (1404 kJ)

AROMA-PACKUNG

Überbackenes Gemüse mit Ziegenkäse begeistert als Hauptgang für zwei oder als Vorspeise für vier

Spargelpäckchen

FÜR 2–4 Personen • **ZUBEREITUNGSZEIT** 35 Minuten

- **1 kg grüner Spargel**
- **400 g Bundmöhren**
- **5 Stiele Estragon**
- **5 El Olivenöl**
- **grobes Meersalz**
- **Pfeffer**
- **4 Ziegenfrischkäsetaler (à ca. 30 g)**

1 Spargel im unteren Drittel schälen, die Enden 1 cm breit abschneiden. Stangen halbieren. Möhren putzen und schälen, dabei etwas Grün stehen lassen. Estragon abzupfen, fein hacken. Möhren, Spargel, Estragon, Öl, etwas grobes Salz und Pfeffer mischen.

2 Blech (40 x 30 cm) im heißen Ofen bei 200 Grad (Umluft 180 Grad) auf der unteren Schiene vorheizen. Spargelmischung auf 4 St. Backpapier (à ca. 30 x 30 cm) verteilen. Je 1 Ziegenfrischkäsetaler daraufsetzen. Papier über der Füllung zusammenfalten, an den Enden fest zubinden. Päckchen auf das heiße Blech setzen, 17–20 Min. wie oben garen.

PRO PORTION (BEI 4) 6 g E, 17 g F, 10 g KH = 222 kcal (925 kJ)

Im eigenen Saft gegart und mit zitronigem Frischkäse getoppt – mehr Aroma geht nicht!

Gemüse aus dem Bratschlauch

FÜR 2 Personen • **ZUBEREITUNGSZEIT** 45 Minuten

- **400 g kleine neue Kartoffeln**
- **5 schlanke Frühlingszwiebeln**
- **400 g schlanke Bundmöhren**
- **200 g Blumenkohl**
- **1 Knoblauchzehe**
- **2 El Olivenöl**
- **200 g körniger Frischkäse**
- **1 Spritzer Zitronensaft**
- **½ Beet Gartenkresse**

1 Die neuen Kartoffeln gründlich waschen und halbieren. Frühlingszwiebeln putzen und quer vierteln. Bundmöhren schälen, einmal längs und einmal quer halbieren. Den Blumenkohl in Röschen teilen. Knoblauchzehe in Scheiben schneiden.

2 Alles in eine Schüssel geben und mit Salz, Pfeffer und Olivenöl mischen. Einen Bratschlauch (40 cm Länge) nach Packungsanweisung vorbereiten. Gemüse einfüllen, den Bratschlauch zubinden und auf einen Ofenrost setzen. Den Bratschlauch oben 1 cm breit einschneiden. Im heißen Ofen bei 200 Grad im unteren Ofendrittel 30 Min. garen (Umluft nicht empfehlenswert).

3 Inzwischen den körnigen Frischkäse mit 1 Spritzer Zitronensaft, Salz und Pfeffer würzen. Gartenkresse abschneiden und auf dem Frischkäse zum Gemüse servieren.

PRO PORTION 18 g E, 14 g F, 44 g KH = 390 kcal (1636 kJ)

In Deckung!

Nach dem Garen den Bratschlauch vorsichtig mit einer Schere von oben aufschneiden und aufziehen. Aufpassen, der entweichende Dampf ist zu Beginn sehr heiß!

Spargel-Quiche mit Salat

FÜR 4–6 Portionen • **ZUBEREITUNGSZEIT** 40 Minuten • **PLUS KÜHLZEITEN**

- **120 g kalte Butter**
- **50 g kaltes Butterschmalz**
- **210 g Mehl**
- **Salz**
- **1 kg weißer Spargel**
- **750 g grüner Spargel**
- **Zucker**
- **150 g Ziegenfrischkäse**
- **150 ml Milch**
- **3 Eier (Kl. M)**
- **Pfeffer**
- **Muskat**
- **50 g Pecorino (oder Parmesan)**
- **100 g Baby-Salatmischung**
- **1 Kopf Radicchio**
- **3 El Zitronensaft**
- **5 El Öl**
- **10 Stiele Kerbel**

1 Butter und Butterschmalz in kleinen Stücken mit Mehl und 1 Tl Salz mit den Knethaken des Handrührers verkneten. 7 El eiskaltes Wasser zugeben. Zuerst mit den Knethaken, dann mit den Händen zu einem glatten Teig verkneten. Zu einem flachen Stück formen. In Folie gewickelt 2 Std. kalt stellen.

2 Teig auf einer bemehlten Fläche ausrollen (32 cm Ø), in eine gefettete Tarte-Form (28 cm Ø) legen, Rand andrücken, Boden mehrfach mit einer Gabel einstechen. 30 Min. kalt stellen.

3 Weißen Spargel ganz, grünen im unteren Drittel schälen, Enden abschneiden. Stangen quer halbieren. Weißen Spargel mit etwas Zucker in kochendes Salzwasser geben, bei mittlerer Hitze zugedeckt 4 Min. garen, grünen Spargel zugeben und 2 Min. weitergaren. Spargel gut abtropfen lassen. Frischkäse, Milch, Eier, Salz, Pfeffer und Muskat mit dem Schneidstab pürieren. Käse raspeln. Ofen auf 210 Grad vorheizen (Umluft nicht empfehlenswert).

4 Spargel kreisförmig auf den Teig legen, dabei die Hälfte des Käses mit einschichten. Eiermilch darübergießen. Mit restlichem Käse bestreuen. Im heißen Ofen auf der untersten Schiene 35–40 Min. backen.

5 Salat verlesen. Radicchio putzen. Zitronensaft, ½ Tl Zucker, Salz, Pfeffer, 2 El Wasser und Öl mit dem Schneidstab mixen. Die Hälfte des Kerbels fein hacken, zugeben. Quiche 5 Min. ruhen lassen. Aus der Form lösen, mit restlichem Kerbel bestreuen. Mit Salat servieren.

PRO PORTION (BEI 6)
17 g E, 42 g F, 33 g KH = 594 kcal (2482 kJ)

SPARGEL-QUICHE MIT SALAT
Den Ziegenfrischkäse können Sie auch durch Doppelrahmfrischkäse ersetzen.

Zarte Anisnote vom Fenchel plus Ziegenkäse und Honig – ein Traum nicht nur für Veggies.

Fenchel aus dem Ofen

FÜR 2 Portionen • **ZUBEREITUNGSZEIT** 45 Minuten

1 Von **3 Fenchelknollen** die dicken grünen Stiele abschneiden. Das zarte Grün beiseitestellen. Fenchel längs vierteln und den dicken Strunk abschneiden. Viertel in 2 cm breite Spalten schneiden. In einer Schüssel mit **Salz** und **1 El Zitronensaft** würzen, mischen und 10 Min. ziehen lassen.
2 Ofen auf 220 Grad vorheizen (Umluft nicht empfehlenswert). Fenchel mit **4 El Öl** mischen und in eine flache ofenfeste Form (ca. 25 x 15 cm) geben. Im heißen Ofen auf dem Rost auf der mittleren Schiene 30 Min. backen.
3 Inzwischen Fenchelgrün und die Blättchen von **3 Stielen Petersilie** fein hacken. **4** Fenchel aus dem Ofen nehmen, Ofengrill (240 Grad) einschalten. Fenchel mit **6 Ziegenkäsetalern** (200 g) belegen und alles mit **2 El Honig** beträufeln. Unter dem heißen Ofengrill im oberen Ofendrittel 3–5 Min. hellbraun überbacken. Mit Kräutern bestreuen und mit Baguette servieren.

PRO PORTION 13 g E, 33 g F, 26 g KH = 460 kcal (1930 kJ)

Leckerer Luftikus aus Quark, Parmesan, Ei und frischen Kräutern. Mit Wow-Effekt!

Kräuter-Soufflé

FÜR 4 Portionen • **ZUBEREITUNGSZEIT** 45 Minuten

1 Ofen auf 210 Grad vorheizen (Umluft nicht empfehlenswert). 4 Soufflé-Förmchen (à 200 ml Inhalt) mit **weicher Butter** fetten, mit **6 El Semmelbröseln** ausstreuen, restliche Brösel herausklopfen. **2** **1 Bund Rauke** waschen und trocken schleudern. Blättchen von **½ Bund Dill** und **½ Bund Petersilie** abzupfen. Die Hälfte beiseitelegen. Übrige Blättchen und **¼ Bund Schnittlauch** fein hacken. **¼ Bund Schnittlauch** grob schneiden und beiseitelegen. **3** **4 Eier** (Kl. M) trennen. Eiweiße mit **1 Prise Salz** steif schlagen. **80 g geriebenen ital. Hartkäse** (z. B. Grana Padano), Eigelbe, **200 g Magerquark**, **2 El Speisestärke** und gehackte Kräuter mit dem Handrührer verrühren, mit **Salz** und **Pfeffer** würzen. Eischnee unterheben. In die Förmchen verteilen und auf einem Rost im heißen Ofen im unteren Ofendrittel 25 Min. goldbraun backen. **4** **2 Tl Senf**, **2 Tl Honig**, **Salz**, **4 El Weißweinessig**, 4 El Wasser und **6 El Rapsöl** verrühren. **2 Möhren** schälen und raspeln, mit Rauke, übrigen Kräutern und Vinaigrette mischen. Soufflés aus den Förmchen stürzen und sofort mit dem Salat servieren.

PRO PORTION 22 g E, 30 g F, 26 g KH = 472 kcal (1978 kJ)

Spargel-Flammkuchen

FÜR 2–4 Portionen • **ZUBEREITUNGSZEIT** 40 Minuten

- **350 g weißer Spargel**
- **½ Tl Zucker**
- **Salz**
- **3 El Rapskernöl**
- **80 g rote Zwiebeln**
- **1 Pk. Flammkuchenteig (260 g, 40 x 24 cm, Kühlregal)**
- **150 g Ziegenfrischkäse**
- **Pfeffer**
- **½ Bund Rauke**

1 Spargel schälen, Enden schräg abschneiden und die Stangen bis 3 cm vor der Spitze schräg in ½ cm dicke Scheiben hobeln oder schneiden. Spargelspitzen der Länge nach halbieren. Spargel mit Zucker und etwas Salz in einer Schüssel mischen. 1 El Öl untermischen. Zwiebeln in sehr dünne Ringe hobeln.

2 Teig entrollen und mit dem Backpapier auf ein Blech legen. Frischkäse glatt rühren und den Teig damit bestreichen, dabei rundum einen 1 cm breiten Rand frei lassen. Erst die Zwiebelringe auf dem Teig verteilen und pfeffern. Dann den Spargel darübergeben. Flammkuchen im heißen Ofen bei 220 Grad (Umluft 200 Grad) im unteren Ofendrittel 15 Min. backen.

3 Rauke verlesen, waschen und trocken schleudern. Mit 2 El Öl mischen, auf dem Flammkuchen verteilen und sofort servieren.

PRO PORTION (BEI 4)
10 g E, 15 g F, 35 g KH = 317 kcal (1326 kJ)

Clever backen

Knuspriger Boden, leckerer Belag – Flammkuchen sind ein Hit. Wie praktisch, dass es den hauchdünnen Teig fix und fertig im Supermarkt gibt. Er ist genauso vielseitig wie Pizza, ruck, zuck gemacht und super für Gäste: wenn Sie auch eine Variante mit Fleisch anbieten möchten, einfach eine Hälfte zusätzlich mit mildem rohem Schinken belegen oder dazu reichen.

Als cremige Basis schmeckt statt Ziegenfrischkäse auch Doppelrahmfrischkäse

Gemüse-Tarte

FÜR 4 Portionen • **ZUBEREITUNGSZEIT** 30 Minuten • **PLUS BACK- UND KÜHLZEITEN**

- **200 g Mehl**
- **3 Eier (Kl. M)**
- **200 ml fettarme Milch**
- **Salz**
- **75 g Halbfett-Margarine**
- **300 g Kohlrabi**
- **300 g Möhren**
- **1 Bund Petersilie**
- **Pfeffer**
- **Muskatnuss**

Unfallfreier Teigtransport
Den ausgerollten Teig mithilfe des Rollholzes aufrollen und über der Form wieder abrollen.

1 Mehl, 1 Ei, 1 El Milch, ¼ Tl Salz und Margarine mit den Knethaken des Handrührers zu einem glatten Teig verkneten. In Folie gewickelt 1 Std. kalt stellen.

2 Kohlrabi schälen, vierteln und in sehr dünne Scheiben hobeln. Möhren putzen und in dünne Scheiben hobeln.

3 Teig auf einer bemehlten Fläche ca. 28 x 28 cm groß ausrollen. Mithilfe eines Rollholzes aufrollen und über einer gefetteten eckigen Tarte-Form (24 cm, ersatzweise 1 Springform, 24 cm Ø) abrollen, dabei den Rand etwas überlappen lassen. Boden mehrfach einstechen, Gemüse darauf verteilen.

4 Petersilie abzupfen, grob hacken. Restliche Eier, restliche Milch und Petersilie mit dem Schneidstab pürieren, mit Salz, Pfeffer und Muskat würzen, über dem Gemüse verteilen. Im heißen Ofen bei 200 Grad auf einem Rost direkt auf dem Ofenboden 45 Min. backen (Umluft nicht empfehlenswert). Kurz ruhen lassen, dann servieren.

PRO PORTION 14 g E, 13 g F, 45 g KH = 358 kcal (1503 kJ)

Mit hauchdünnen Möhren- und Kohlrabischeiben. Schmeckt auch kalt noch supergut

Selbermachen lohnt sich!

Frisches Pesto ist superaromatisch und schmeckt toll auf Brot, als Dip oder im Dressing.

Basilikum-Pesto

FÜR ca. 150 ml • **ZUBEREITUNGSZEIT** 15 Minuten

20 g Pinienkerne (oder Mandelstifte) in einer Pfanne ohne Fett anrösten. **60 g Basilikumblätter** abzupfen, **1–2 Knoblauchzehen** pellen, beides grob hacken. **40 g italienischen Hartkäse** (z. B. Grana Padano) reiben. Basilikum, Knoblauch, Hartkäse und Pinienkerne im Blitzhacker fein zerkleinern. Mit **Salz** und **Pfeffer** würzen. **6 El Olivenöl** zugeben und nochmals durchmixen.

PRO TL 1 g E, 5 g F, 0 g KH = 48 kcal (205 kJ)

Gratin Genovese

FÜR 2 Portionen • **ZUBEREITUNGSZEIT** 40 Minuten • **PLUS BACKZEIT**

- **500 g kleine neue Kartoffeln**
- **Salz**
- **200 g grüne Bohnen**
- **½ Portion Basilikum-Pesto (Rezept siehe oben)**
- **5 El Gemüsebrühe**
- **Pfeffer**
- **100 g Ricotta**
- **1 El Olivenöl**
- **10 Basilikumblätter**

1 Kartoffeln schrubben, in kochendem Salzwasser als Pellkartoffeln ca. 20 Min. garen. Bohnen putzen, halbieren, in kochendem Salzwasser 10 Min. kochen, dann abschrecken und gut abtropfen lassen.

2 Ofen auf 220 Grad vorheizen (Umluft nicht empfehlenswert). Kartoffeln abgießen, abschrecken und pellen, größere Kartoffeln halbieren.

3 Pesto mit der Brühe verrühren, evtl. mit Salz und Pfeffer würzen. Mit den Kartoffeln und Bohnen mischen, in 2 Auflaufförmchen (à 15 cm Ø) geben. Ricotta in Klecksen darauf verteilen. Im heißen Ofen im oberen Ofendrittel 15 Min. gratinieren. Mit Olivenöl beträufelt und mit Basilikum bestreut servieren.

PRO PORTION 14 g E, 29 g F, 39 g KH = 489 kcal (2043 kJ)

Warum wir die Leckerei Gratin Genovese getauft haben?
Na, weil Pesto aus der ligurischen Hafenstadt Genua kommt!

Ofen-Schafskäse

FÜR 2 Portionen • **ZUBEREITUNGSZEIT** 35 Minuten

- **2 Zwiebeln**
- **6 Stiele Thymian**
- **180 g Schafskäse (light)**
- **2 El Olivenöl**
- **4–6 schwarze Oliven (entsteint)**
- **Pfeffer**
- **200 g Tomaten**
- **180 g Römersalat**
- **2 El Zitronensaft**
- **Salz**
- **Zucker**
- **60 g Fladenbrot**

Einkaufstipp

Je reifer Oliven geerntet werden, desto weniger bitter sind sie. Grüne (unreife) sind also bitterer als schwarze. Achten Sie beim Einkauf deshalb auf „echte" schwarze Oliven: Wenn Eisengluconat als Zutat aufgeführt wird, Finger weg. Dann sind die Oliven eingefärbt. Von guter Qualität sind Sorten wie Kalamata, Queen oder Niçoise.

1 Ofen auf 240 Grad vorheizen (Umluft nicht empfehlenswert). Zwiebeln halbieren und in Streifen schneiden. Thymianblättchen von den Stielen zupfen. Käse abtropfen lassen und trocken tupfen.

2 Eine Auflaufform (20 x 15 cm) mit ½ El Öl fetten. Die Hälfte der Zwiebeln in der Form verteilen. Käse auf die Zwiebeln legen, restliche Zwiebeln, Thymian und Oliven darüberstreuen. Alles pfeffern und mit ½ El Öl beträufeln. Käse im heißen Ofen auf der mittleren Schiene 15–20 Min. backen.

3 Inzwischen von den Tomaten den Stielansatz entfernen. Tomaten in grobe Stücke schneiden. Salat putzen, waschen und gut abtropfen lassen. Salatblätter in 2 cm breite Streifen schneiden. Zitronensaft mit 2 El Wasser und 1 El Öl verrühren. Mit Salz, Pfeffer und 1 Prise Zucker würzen. Tomaten und Römersalat mit dem Dressing mischen. Schafskäse mit Salat und Fladenbrot servieren.

PRO PORTION 23 g E, 18 g F, 28 g KH = 379 kcal (1591 kJ)

Griechisch für Einsteiger:
würziger Käse mit Thymian, Oliven,
Fladenbrot und Salat

Nudel-Tortilla

FÜR 4–6 Portionen • **ZUBEREITUNGSZEIT** 1:10 Stunden plus Kühlzeit

- **200 g Hörnchennudeln**
- **Salz**
- **150 g Baby-Blattspinat**
- **1 Zwiebel**
- **150 g Kirschtomaten**
- **6 Eier (Kl. M)**
- **50 ml Schlagsahne**
- **Cayennepfeffer**
- **frisch geriebene Muskatnuss**
- **150 g Feta**
- **6 El Öl**

1 Nudeln in reichlich kochendem Salzwasser nach Packungsanweisung garen, abgießen, abschrecken und abtropfen lassen.

2 Spinat verlesen, waschen und trocken schleudern. Zwiebel würfeln, Tomaten halbieren. Eier mit Sahne verquirlen und kräftig mit Salz, Cayennepfeffer und Muskat würzen. Feta grob zerbröseln.

3 Den Ofen auf 180 Grad (Umluft 160 Grad) vorheizen. 2 El Öl in einer ofenfesten beschichteten Pfanne (20 cm Ø) erhitzen. Zwiebeln darin glasig dünsten. Spinat in 2 Portionen zugeben und bei mittlerer bis milder Hitze zugedeckt leicht zusammenfallen lassen. Auf einen Teller geben. Pfanne auswischen.

4 4 El Öl in der Pfanne erhitzen. Nudeln zugeben und 2 Min. erhitzen. Spinat, Tomaten und Feta untermischen und alles gleichmäßig in der Pfanne verteilen. Eiersahne darübergießen. Bei mittlerer Hitze 1 Min. ohne zu rühren (!) erhitzen. Im heißen Ofen auf einem Rost auf der mittleren Schiene 30–35 Min. stocken lassen.

5 In der Pfanne lauwarm abkühlen lassen, dann aus der Pfanne gleiten lassen und in Würfel schneiden.

PRO PORTION (BEI 6)
16 g E, 24 g F, 26 g KH = 398 kcal (1668 kJ)

Platz für Pasta

Wer noch Reste von anderen kurzen Nudeln hat, kann diese genauso gut verwenden.

Praktisch vorzubereiten. Und mit Feta, Spinat und Tomaten ein echter Sommerhit

Vom Blech sind die Nudeln in Eiersahne ganz schnell fertig und haben reichlich Platz für Broccoli, Tomaten und Käse

Blitz-Nudelauflauf

FÜR 4 Portionen • **ZUBEREITUNGSZEIT** 30 Minuten

1 **250 g Gabelspaghetti** in reichlich kochendem Salzwasser 7 Min. garen. In der letzten Min. **300 g TK-Broccoli** zugeben. **2** Ein tiefes Blech (40 x 30 cm) mit Backpapier auslegen, auf der untersten Schiene im heißen Ofen bei 220 Grad (Umluft 180 Grad) erhitzen. **150 g Kirschtomaten** waschen und halbieren. **4 Eier** (Kl. M), **150 ml Schlagsahne**, **100 ml Milch**, etwas Salz, Pfeffer und frisch geriebene **Muskatnuss** verquirlen. **3** Nudelmischung abgießen, in einer Schüssel mit Eiersahne und **100 g geraspeltem Gouda** mischen, auf das heiße Blech geben, mit Tomatenhälften und **100 g geraspeltem Gouda** bestreuen. Im heißen Ofen (siehe oben) auf der untersten Schiene 15–20 Min. backen.

PRO PORTION 31 g E, 34 g F, 50 g KH = 640 kcal (2680 kJ)

Heiße Phase für die würzigen Ofenkartoffeln: Mit Paprika-Chili-Dip gewinnen sie am Ende alle

Mojo rosso zu Kartoffelspalten

FÜR 4 Portionen • **ZUBEREITUNGSZEIT** 45 Minuten

1 Den Backofen mit einem Blech auf der mittleren Schiene auf 220 Grad vorheizen (Umluft nicht empfehlenswert). **4 El Öl**, etwas **Salz**, **Pfeffer**, **½ Tl edelsüßes Paprikapulver** und **½ Tl gemahlenen Koriander** verrühren. **800 g festkochende Kartoffeln** schälen, längs in Spalten schneiden, mit dem Würzöl mischen. Heißes Blech mit Backpapier belegen. Kartoffeln darauf verteilen. Im heißen Ofen auf der mittleren Schiene 30 Min. backen.

2 **200 g geröstete Paprika** ohne Haut (Glas) gut abtropfen lassen. **1–2 Chilischoten** (je nach gewünschter Schärfe) längs einschneiden, entkernen, mit **2 Knoblauchzehen** grob hacken. Mit den Paprika, **1 Tl gemahlenem Kreuzkümmel**, **1 Tl edelsüßem Paprikapulver**, **½ Tl Salz** fein pürieren, dann nach und nach **100 ml Olivenöl** unter Mixen zugießen, evtl. nachwürzen. Mit den Kartoffelspalten servieren.

PRO PORTION 3 g E, 35 g F, 26 g KH = 437 kcal (1829 kJ)

Lauch-Quiche

FÜR 12 Stücke • **ZUBEREITUNGSZEIT** 40 Minuten plus Back- und Kühlzeiten

- **150 g Mehl**
- **100 g kalte Butter, in kleinen Stücken**
- **Salz**
- **1 Eigelb (Kl. M)**
- **750 g Lauch**
- **40 g getrocknete Tomaten**
- **Pfeffer**
- **frisch geriebene Muskatnuss**
- **4 Stiele Thymian**
- **2 Eier (Kl. M)**
- **100 ml Milch**
- **100 ml Schlagsahne**

1 Für den Teig Mehl, 80 g Butter und Salz in eine Schüssel geben, mit den Knethaken des Handrührers zu einer krümeligen Masse verkneten. Dann Eigelb und 3 El eiskaltes Wasser zugeben und nur noch kurz zu einem glatten Teig verkneten. In Folie gewickelt 1 Std. in den Kühlschrank legen.

2 Lauch putzen und waschen, das Weiße und Hellgrüne in dünne Ringe schneiden. Tomaten fein würfeln, beides in 20 g Butter 4–5 Min. andünsten, mit Salz, Pfeffer und Muskat würzen, abkühlen lassen.

3 Den Teig auf einer bemehlten Fläche ca. 26 cm Ø groß ausrollen. In eine gefettete Tarte-Form (mit herauslösbarem Boden, 24 cm Ø) legen, den Rand andrücken und begradigen, Boden mehrfach mit einer Gabel einstechen. Abgekühlte Lauchmischung daraufgeben.

4 Den Ofen auf 200 Grad (Umluft 180 Grad) vorheizen. Thymianblättchen abzupfen und fein hacken, mit Eiern, Milch, Sahne, etwas Salz, Pfeffer und Muskat verquirlen, abschmecken und über die Lauchmischung gießen. Auf einem Rost direkt auf dem Ofenboden im heißen Ofen 40–45 Min. backen. Dann in der Form abkühlen lassen. Aus der Form lösen und servieren.

PRO STÜCK 4 g E, 11 g F, 11 g KH = 168 kcal (706 kJ)

Getrocknete Tomaten machen sie zum würzig-vegetarischen Leckerbissen

Spinat-Nudel-Auflauf

FÜR 2 Portionen • **ZUBEREITUNGSZEIT** 45 Minuten

- **1 Zwiebel**
- **200 ml Schlagsahne**
- **300 ml Gemüsebrühe**
- **500 g TK-Blattspinat**
- **1 Kugel Mozzarella (125 g)**
- **50 g mittelalter Gouda**
- **Salz**
- **Pfeffer**
- **Muskatnuss**
- **150 g Nudeln (z. B. Trulli)**

1 Zwiebel fein würfeln. Zwiebeln mit Sahne und Brühe aufkochen. Spinat zugeben und zugedeckt nach Packungsanweisung auftauen lassen. Ofen auf 180 Grad vorheizen (Umluft nicht empfehlenswert).

2 Mozzarella würfeln. Gouda raspeln. Spinat kräftig mit Salz, Pfeffer und etwas frisch geriebener Muskatnuss würzen. Nudeln untermischen. Mischung in eine ofenfeste Form (ca. 27 x 21 cm) geben und mit Mozzarella und Gouda bestreuen.

3 Im heißen Ofen auf dem Rost in der Ofenmitte 30 Min. überbacken.

PRO PORTION 36 g E, 53 g F, 60 g KH = 883 kcal (3692 kJ)

Ist doch wurscht!

So pimpen Fleischliebhaber den Auflauf: das Brät aus 200 g grober ungebrühter Bratwurst zu kleinen Klößchen formen. Mit den Nudeln unter den Spinat mischen und wie im Rezept beschrieben mitbacken.

SPINAT-NUDEL-AUFLAUF
Was das Beste ist? Die Nudeln garen beim Backen einfach in der Brühe-Sahne-Mischung.

Tomaten-Mozzarella-Gratin

FÜR 2 Portionen • **ZUBEREITUNGSZEIT** 40 Minuten

- **200 g breite Bandnudeln**
- **Salz**
- **400 g Tomaten**
- **1 Kugel Mozzarella (125 g)**
- **8 Stiele Basilikum**
- **2 Knoblauchzehen**
- **5 El Olivenöl**
- **30 g ital. Hartkäse (z. B. Grana Padano)**
- **Pfeffer**

1 Nudeln in reichlich kochendem Salzwasser nach Packungsanweisung garen. Tomaten in Scheiben schneiden. Mozzarella abtropfen lassen, gut trocken tupfen und in Scheiben schneiden. Nudeln abgießen und gut abtropfen lassen.

2 Blättchen von 6 Stielen Basilikum abzupfen und mit dem Knoblauch grob hacken, beides mit Olivenöl fein pürieren. Käse fein reiben, unterrühren, mit Salz und Pfeffer abschmecken.

3 Den Ofen auf 220 Grad (Umluft 200 Grad) vorheizen. Nudeln, Tomaten und Mozzarella dachziegelartig in 2 feuerfeste Förmchen (à ca. 15 cm Ø) legen, dabei mit etwas Salz und Pfeffer würzen. Mit Pesto beträufeln und im heißen Ofen auf der mittleren Schiene 12–15 Min. überbacken. Restliche Basilikumblättchen abzupfen und über die Gratins streuen.

PRO PORTION
30 g E, 44 g F, 77 g KH = 847 kcal (3546 kJ)

Bandnudeln …

… hören auch auf den Namen Pappardelle oder Tagliatelle. Es sind oft Eiernudeln, die gern mit Ragouts serviert oder als Beilage gereicht werden.

SCHÖN BUNT

Heißer Italiener: So können Sie auch lecker Ihre Nudelreste, z. B. Lasagne-Blätter, verwerten

Gemüserösti vom Blech

FÜR 2 Portionen • **ZUBEREITUNGSZEIT** 1 Stunde

- **200 g Möhren**
- **400 g festkochende Kartoffeln**
- **1 Zwiebel**
- **50 g Bergkäse**
- **3 El Olivenöl**
- **Salz**
- **Pfeffer**
- **frisch geriebene Muskatnuss**
- **3 El Kürbiskerne**
- **250 g Quark (10 %)**
- **2 El Schlagsahne**
- **1–2 El Zitronensaft**
- **Zucker**
- **2 El Kürbiskernöl**

1 Möhren, Kartoffeln und Zwiebel schälen und raspeln. Käse reiben. Möhren, Kartoffeln, Zwiebeln und Käse mit Öl mischen. Mit Salz, Pfeffer und Muskat kräftig würzen.

2 Gemüserapsel auf einem mit Backpapier ausgelegten Blech in 9–10 Portionen verteilen und gleichmäßig flach drücken. Im heißen Ofen bei 200 Grad im unteren Ofendrittel 35–40 Min. goldbraun backen (Umluft nicht empfehlenswert).

3 Inzwischen Kürbiskerne in einer Pfanne ohne Fett rösten, abkühlen lassen und grob hacken. Quark mit Sahne glatt rühren. Mit Zitronensaft, 1 Prise Zucker, Salz und Pfeffer würzen. Kürbiskerne und Kürbiskernöl kurz unterrühren. Gemüserösti mit Kürbiskernquark servieren.

PRO PORTION 34 g E, 48 g F, 39 g KH = 739 kcal (3093 kJ)

Weniger ist ...

... mehr! Kürbiskernöl ist superaromatisch, deshalb lieber nur sparsam verwenden. Schmeckt auch toll in Suppen, im Salat oder mit Baguette gestippt.

Die Gemüserösti sind innen weich, am Außenrand knusprig und mit würzigem Bergkäse echte Kracher!

Paprika-Pizza

FÜR 2 Portionen • **ZUBEREITUNGSZEIT** 35 Minuten

- **2 rote Paprikaschoten**
- **250 g Blattspinat (2 Würfel; aufgetaut)**
- **4 El Olivenöl**
- **¼ Tl scharfes Paprikapulver**
- **1 Rolle Pizza-Teig (400 g Kühlregal)**
- **Salz**
- **150 g Gorgonzola**

Blattspinat am besten in einem Sieb auftauen lassen und die restliche Flüssigkeit kräftig mit den Fingern ausdrücken.

1 Ofen auf 220 Grad (Umluft 200 Grad) vorheizen. Paprika putzen, in dünne Ringe hobeln oder schneiden. Spinat gut ausdrücken. Öl mit Paprikapulver verrühren.

2 Pizza-Teig entrollen und mit dem Backpapier auf ein Backblech geben. Paprikaringe und Spinat darauf verteilen und salzen. Gorgonzola in Stücke zupfen und zwischen das Gemüse geben. Pizza mit dem Paprikaöl beträufeln und im heißen Ofen auf der mittleren Schiene 20 Min. backen.

PRO PORTION 36 g E, 51 g F, 89 g KH = 988 kcal (4138 kJ)

Gorgonzola …

… gibt es für jeden Geschmack: Der cremige (z. B. „cremoso" von Galbani) ist etwas milder, kräftiger ist der „intenso" (der klassische Gorgonzola). Wer nicht auf Blauschimmelkäse steht, nimmt Mozzarella oder anderen gut schmelzenden Käse.

Entspannung! Der Teig ist fix und fertig, Gorgonzola und Paprikaöl würzen den Spinat.

Crespelle mit Pfannengemüse

FÜR 2 Portionen
ZUBEREITUNGSZEIT 50 Minuten

1 **80 g Mehl**, **100 ml Milch**, **2 Eier** (Kl. M) und **1 Prise Salz** in ein hohes Gefäß geben, mit dem Schneidstab zu einem glatten Teig pürieren und 10 Min. quellen lassen.
2 Eine Pfanne (18 cm Ø) mit etwas **Öl** ausstreichen und erhitzen. Eine kleine Portion Teig hineingießen und durch Kippen der Pfanne darin verteilen. Bei mittlerer Hitze auf beiden Seiten hellbraun backen. Restlichen Teig zu weiteren 3 Pfannkuchen verarbeiten. Dabei die Pfanne immer wieder mit etwas **Öl** auspinseln.
3 **1 Rezept Pfannengemüse** (Rezept Seite 146) zubereiten. **1 Pk. Béchamelsauce** (250 g) nach Packungsanweisung erwärmen und mit **40 g italienischem Hartkäse** (z. B. Parmigiano reggiano, frisch gerieben) verrühren. Die 4 Pfannkuchen mit dem Pfannengemüse füllen und in eine gefettete Form (24 x 20 x 4 cm) legen. Käse-Béchamel darüber verteilen.
4 Im heißen Ofen bei 200 Grad auf dem Rost in der Ofenmitte 15–20 Min. überbacken (Umluft nicht empfehlenswert).

PRO PORTION 25 g E, 65 g F, 48 g KH = 889 kcal (3732 kJ)

Mit buntem Gemüse gefüllt, in Béchamel mit Käse überbacken das große Los – nicht nur für Veggies

Herrlich: knuspriger Fladen mit Tomate und Mozzarella

Tomaten-Focaccia

FÜR 4 Portionen • **ZUBEREITUNGSZEIT** 50 Minuten plus Gehzeiten

1 300 ml lauwarmes Wasser und **5 g frische Hefe** verrühren, mit **500 g Mehl**, **1 Tl Salz** und **2 El Olivenöl** 3 Min. mit den Knethaken des Handrührers, dann 3 Min. mit den Händen zu einem glatten Teig verkneten. Zugedeckt an einem warmen Ort 1 Std. gehen lassen. **2** Teig zu 2 Kugeln formen, auf einem bemehlten Brett abgedeckt 30 Min. gehen lassen. **3** Ein Blech im Ofen auf 250 Grad vorheizen (Umluft nicht empfehlenswert). **500 g Kirschtomaten** halbieren. **2 Kugeln Mozzarella** (à 125 g) abtropfen lassen, in Stücke zupfen. Nadeln von **6 Zweigen Rosmarin** sehr fein hacken, mit **8 El Olivenöl** mischen. Eine Teigkugel auf Backpapier (40 x 30 cm) ausrollen, mit der Hälfte des Rosmarinöls bestreichen, mit je der Hälfte der Tomaten und des Mozzarellas belegen, mit **Salz** und **Pfeffer** würzen. Mithilfe des Papiers auf das heiße Blech ziehen. Im heißen Ofen auf der untersten Schiene 15 Min. backen. Übrige Zutaten zu einer zweiten Focaccia verarbeiten.

PRO PORTION 24 g E, 38 g F, 94 g KH = 836 kcal (3500 kJ)

Tomatensalat und würzige Tortilla – die spanische Antwort auf Leichtigkeit

Lauch-Tortilla

FÜR 2 Portionen • **ZUBEREITUNGSZEIT** 45 Minuten

- **500 g Lauch**
- **½ Bund glatte Petersilie**
- **4 Eier (Kl. M)**
- **50 ml fettarme Milch**
- **30 g geriebener ital. Hartkäse (z. B. Grana Padano)**
- **Salz**
- **Pfeffer**
- **2 El Olivenöl**
- **3 Tomaten**
- **1 El Essig**
- **Zucker**

Tortilla to go

Auch kalt schmeckt die Tortilla superlecker und lässt sich prima mit ins Büro nehmen oder zum Picknick servieren. Dann allerdings sollten Sie Tomaten und Dressing erst vor Ort mischen.

1 Lauch putzen, längs halbieren und gründlich zwischen den einzelnen Schichten waschen. Abtropfen lassen und das Weiße und Hellgrüne in dünne halbe Ringe schneiden. Petersilienblättchen abzupfen und hacken.

2 Eier, Milch und Käse kräftig verquirlen, salzen und pfeffern. 1½ El Öl in einer kleinen Pfanne (ca. 16 cm Ø) erhitzen. Den Lauch zugeben und bei mittlerer Hitze 7 Min. dünsten. Die Hälfte der Petersilie untermischen.

3 Eimischung über dem Lauch verteilen. Im heißen Ofen bei 180 Grad (Umluft 160 Grad) auf der 2. Schiene von unten 20–25 Min. stocken lassen (Pfannenstiel aus Kunststoff mit Alufolie umwickeln). Kurz ruhen lassen, dann aus der Pfanne stürzen.

4 Inzwischen von den Tomaten den Stielansatz entfernen. Tomaten in Spalten schneiden. Essig, 2 El Wasser, je 1 Prise Salz, Zucker und Pfeffer in einer Schüssel kräftig verrühren. ½ El Öl unterrühren. Tomaten und restliche Petersilie untermischen. Zur Lauch-Tortilla servieren.

PRO PORTION 24 g E, 27 g F, 12 g KH = 397 kcal (1654 kJ)

Paprika-Polenta-Auflauf

FÜR 2–4 Portionen • **ZUBEREITUNGSZEIT** 35 Minuten plus Back- und Abkühlzeit

- **400 ml Gemüsebrühe**
- **400 ml Milch**
- **200 g Maisgrieß (Polenta)**
- **8 Stiele Petersilie**
- **30 g gehackte Mandeln**
- **3 Stiele Pfefferminze**
- **120 g cremiger Frischkäse**
- **Salz**
- **Pfeffer**
- **8 Mini-Paprika (ca. 320 g)**

Mini-Schoten sind kaum größer als Hühnereier und so zart, dass man Kerne und Trennhäute mit dem Löffel herauskratzen kann.

1 Brühe und Milch aufkochen. Polenta unter Rühren mit einem Schneebesen zugeben und bei mildester Hitze 10 Min. quellen lassen, dabei öfter mit einem Rührlöffel umrühren. Polenta von der Kochstelle nehmen. Petersilienblättchen abzupfen und fein hacken, die Hälfte davon unter die Polenta rühren. Polenta in einer gefetteten Auflaufform (24 cm Ø) glatt streichen.

2 Mandeln in einer Pfanne ohne Fett bei mittlerer Hitze goldbraun rösten und auf einem Teller abkühlen lassen. Minzblättchen abzupfen und fein hacken, mit der restlichen Petersilie und dem Frischkäse verrühren, nur leicht salzen und mit Pfeffer würzen. Mandeln unterrühren.

3 Ofen auf 200 Grad vorheizen (Umluft nicht empfehlenswert). Paprika der Länge nach halbieren und entkernen. Frischkäse mit einem Teelöffel auf die Paprikahälften verteilen und in die Polenta drücken.

4 Im heißen Ofen 20 Min. backen. 5 Min. abkühlen lassen, dann servieren.

PRO PORTION (BEI 4)
14 g E, 17 g F, 45 g KH = 400 kcal (1677 kJ)

VOLL VEGGIE!

Heißer Hingucker, der satt und glücklich macht: junge kleine Paprika mit Kräuter-Käse-Füllung und Mandeln im Polenta-Bett

Gebackene Auberginen mit Bulgur-Salat

FÜR 2 Portionen • **ZUBEREITUNGSZEIT** 40 Minuten

1 Den Ofen auf 200 Grad vorheizen (Umluft nicht empfehlenswert). **2 Auberginen** (à ca. 300 g) längs halbieren und an den runden Unterseiten etwas flach schneiden. 2 Die Schnittflächen an der Oberseite kreuzweise einschneiden. **1 Knoblauchzehe** fein hacken, mit **3 El Olivenöl**, etwas **Salz** und **¼ Tl Chiliflocken** verrühren. Schnittflächen damit bestreichen. Mit der Schnittfläche nach oben auf ein Blech setzen und im heißen Ofen auf der mittleren Schiene 30 Min. garen. Dabei nach der Hälfte der Zeit wenden.
3 **100 g Bulgur** in 300 ml leicht gesalzenes Wasser geben und zugedeckt bei milder Hitze 7 Min. köcheln lassen.
3 Frühlingszwiebeln in feine Ringe schneiden. Blätter von **1 Bund Petersilie** und **4 Stielen Minze** grob hacken.
40 g Nusskernmischung (gesalzen) grob hacken. **1 Tl fein abgeriebene Bio-Zitronenschale**, **3 El Zitronensaft**, 3 El Wasser, **2 Tl Tomatenmark**, etwas **Salz**, **¼ Tl Chiliflocken** und **4 El Olivenöl** verrühren. Mit Bulgur, Kräutern, Nüssen und Frühlingszwiebeln mischen, zusammen mit **150 g Sojajoghurt** zu den Auberginen servieren.

PRO PORTION 15 g E, 47 g F, 48 g KH = 694 kcal (2909 kJ)

Die Knack-Komponente

Wer möchte, kann statt der Nusskernmischung auch nur eine Sorte Nüsse nehmen. Zum Beispiel gesalzene Erdnusskerne oder Mandeln.

LECKER VEGAN

Würzige Auberginen und Bulgur mit Biss machen richtig was her. Der Hit – nicht nur für Veggies!

DRÜCK MICH!

Wie genial ist das denn! Kartoffeln andrücken, mit Käse und Tomaten-Pesto würzen und überbacken.

Überbackene Kartoffeln

FÜR 2 Portionen • **ZUBEREITUNGSZEIT** 15 Minuten • **PLUS GARZEIT**

- **8 festkochende Kartoffeln (à ca. 80 g)**
- **1 El Olivenöl**
- **Salz**
- **50 g Greyerzer (oder Appenzeller)**
- **4 Tl Tomaten-Pesto**
- **Pfeffer**

1 Kartoffeln waschen und trocken tupfen. Mit Öl und Salz einreiben, auf ein mit Backpapier belegtes Blech legen. Im heißen Ofen bei 180 Grad im unteren Ofendrittel 50 Min. garen (Umluft nicht empfehlenswert).

2 Inzwischen den Käse reiben. Kartoffeln aus dem Ofen nehmen und mithilfe eines Topfbodens flach drücken. In die Mitte jeder Kartoffel ½ Tl Tomaten-Pesto geben, mit Käse bestreuen und pfeffern. Kartoffeln im Ofen 20 Min. überbacken.

PRO PORTION 12 g E, 18 g F, 43 g KH = 398 kcal (1667 kJ)

Die mache ich platt! Gegarte Kartoffeln auf ein mit Backpapier belegtes Blech geben, mit dem Boden eines Stieltopfs flach drücken und belegen.

Toll für Gäste!

Garen Sie die doppelte Menge Kartoffeln und überbacken Sie einen Teil mit Pesto genovese und Parmesan oder Gouda.

Zwiebel-Kürbis-Kuchen

FÜR 4 Portionen • **ZUBEREITUNGSZEIT** 35 Minuten plus Backzeit

- **150 g Magerquark**
- **8 El Rapskernöl**
- **2 Eier (Kl. M)**
- **300 g Dinkelmehl (Type 630)**
- **2 Tl Backpulver**
- **Salz**
- **200 g Schmand**
- **1 gestr. Tl gemahlener Kümmel**
- **Pfeffer**
- **½ Hokkaido-Kürbis (ca. 500 g)**
- **200 g Zwiebeln**
- **5 Stiele Petersilie**

Toller Teig

Quark-Öl-Teig ist eine schnelle Alternative zu Hefeteig. Er muss nicht gehen und kann sofort aufs Blech. Das sollte er sogar, sonst wird er nicht mehr so schön locker.

1 Quark, 6 El Öl und 1 Ei in einer Schüssel verrühren. Mehl, Backpulver und 1 Tl Salz mischen, zugeben und mit den Knethaken des Handrührers zu einem glatten Teig verkneten.

2 Teig auf der leicht bemehlten Arbeitsfläche etwa backblechgroß ausrollen und auf ein mit Backpapier ausgelegtes Backblech (40 x 30 cm) legen. 1 Ei und Schmand verrühren. Mit Kümmel, Salz und Pfeffer würzen. Gleichmäßig auf dem Teig verstreichen.

3 Den Ofen auf 180 Grad vorheizen (Umluft nicht empfehlenswert). Das weiche Innere und die Kerne mit einem Esslöffel aus dem Kürbis kratzen. Kürbis erst in breite Spalten schneiden, dann in dünne Scheiben hobeln. Zwiebeln in ebenso dünne Ringe hobeln. Kürbis und Zwiebeln auf dem Teig verteilen, salzen und pfeffern. Restliches Öl darüberträufeln.

4 Im heißen Ofen auf der mittleren Schiene 25 Min. backen. Petersilienblättchen abzupfen, grob schneiden und auf dem Zwiebel-Kürbis-Kuchen verteilen.

PRO PORTION 22 g E, 36 g F, 74 g KH = 720 kcal (3018 kJ)

GREIFT ZU!

ZWIEBEL-KÜRBIS-KUCHEN
Die heißen Herbstschnitten gehen weg wie warme Semmeln, sie schmecken nur viel besser.

Kürbis-Broccoli-Frittata

FÜR 2 Portionen • **ZUBEREITUNGSZEIT** 50 Minuten

- **1 Zwiebel**
- **10 Salbeiblätter**
- **500 g Hokkaido-Kürbis**
- **½ Broccoli (200 g)**
- **3 El Olivenöl**
- **Salz**
- **Pfeffer**
- **4 Eier (Kl. M)**

Fit mit Broccoli

Er ist der Fitmacher unter den Gemüsen. Damit möglichst viele Vitamine und Mineralstoffe erhalten bleiben, am besten schnell verarbeiten und nur max. 3 Tage im Kühlschrank lagern. Übrigens: Wenn Sie den Stiel, wie in unserem Rezept, nicht verwenden, können Sie ihn z. B. schälen, in dünne Scheiben schneiden und einfach roh knabbern.

1 Zwiebel fein würfeln, Salbei in Streifen schneiden. Kürbis waschen, mit einem Löffel entkernen und den Stiel abschneiden. Kürbis mit Schale ca. 1,5 cm groß würfeln. Vom Broccoli den dicken Stiel abschneiden (siehe Kasten), den Kopf in kleine Röschen teilen.

2 Ofen auf 200 Grad (Umluft 180 Grad) vorheizen. Öl in einer beschichteten Pfanne (ca. 20 cm Ø) erhitzen, Zwiebeln und Salbei darin andünsten. Kürbis und Broccoli zugeben, 2 Min. mitdünsten, salzen und pfeffern. 3 El Wasser zugeben und alles zugedeckt bei milder Hitze 10 Min. garen.

3 Inzwischen Eier in einem hohen Gefäß salzen, pfeffern und mit dem Schneidstab pürieren. Das Gemüse gleichmäßig in der Pfanne verteilen und die Eier darübergießen. Im heißen Ofen auf einem Rost auf der mittleren Schiene ca. 30 Min. stocken lassen.

PRO PORTION 21 g E, 27 g F, 39 g KH = 492 kcal (2062 kJ)

Wirsing-Pilz-Lasagne

FÜR 4 Portionen • **ZUBEREITUNGSZEIT** 40 Minuten • **PLUS BACKZEIT**

- **50 g und 2 ½ El Butter**
- **50 g Mehl**
- **800 ml Milch**
- **Salz**
- **Pfeffer**
- **frisch geriebene Muskatnuss**
- **2 Zwiebeln**
- **1 Knoblauchzehe**
- **400 g braune Champignons**
- **700 g Wirsing**
- **1 El Olivenöl**
- **6 Stiele Thymian**
- **120 g mittelalter Gouda**
- **15 Lasagne-Platten (270 g)**

1 50 g Butter in einem Topf zerlassen. Mehl zugeben und unter Rühren kurz dünsten. Milch unter Rühren zugießen, aufkochen und bei milder Hitze 15 Min. kochen. Gelegentlich umrühren. Béchamel mit Salz, Pfeffer und Muskat würzen.

2 Zwiebeln und Knoblauch fein würfeln. Pilze putzen und in Scheiben schneiden. Wirsing putzen und in 2 cm breite Streifen schneiden. 1 El Butter und Öl in einer großen Pfanne erhitzen. Pilze darin bei starker Hitze 3 Min. braten. Knoblauch, die Hälfte der Zwiebeln und abgezupfte Thymianblättchen zugeben, bei mittlerer Hitze 3 Min. mitbraten. Mit Salz und Pfeffer würzen und herausnehmen.
1 El Butter in der Pfanne zerlassen. Restliche Zwiebeln darin bei mittlerer Hitze 2 Min. dünsten. Wirsing und 100 ml Wasser zugeben und 7–10 Min. leicht bissfest garen. Wirsing salzen und pfeffern.
Käse raspeln.

3 Eine Auflaufform (ca. 30 x 20 cm) mit ½ El Butter fetten. Etwas Béchamel auf dem Boden verstreichen. Dann Lasagne-Platten, Pilzmischung, Wirsing, Béchamel und Käse abwechselnd in die Form schichten. Mit Béchamel und Käse abschließen. Lasagne im heißen Ofen bei 180 Grad im unteren Ofendrittel 45–50 Min. backen (Umluft nicht empfehlenswert).

PRO PORTION 29 g E, 38 g F, 71 g KH = 765 kcal (3205 kJ)

Deck mich zu!

Gegen Ende der Backzeit ab und zu ein Auge in den Ofen werfen. Wird die Lasagne zu dunkel, mit Alufolie abdecken.

VEGGIES TRAUM

WIRSING-PILZ-LASAGNE

Herrlich würzig und sooo lecker, dass garantiert niemand Fleisch vermisst.

Spinattorte

FÜR 2–4 Portionen • **ZUBEREITUNGSZEIT** 50 Minuten

- **500 g TK-Blattspinat (aufgetaut)**
- **2 El Mandelstifte**
- **5 getrocknete Datteln**
- **1 Kugel Büffelmozzarella (125 g)**
- **1 Ei (Kl. M)**
- **Salz**
- **Chiliflocken**
- **1 Tl fein abgeriebene Bio-Zitronenschale**
- **4 Blätter Yufka-Teig (oder Strudelteig, 31 x 30 cm)**
- **75 g zerlassene Butter**

Yufka-Teig

Die hauchdünnen Teigplatten aus der Türkei ähneln am ehesten unserem Strudelteig. Man bekommt sie mittlerweile außer in türkischen Lebensmittelläden auch in der Kühltheke gut sortierter Supermärkte.

1 Spinat sehr gut ausdrücken und grob hacken. Mandelstifte auf einem Blech im heißen Ofen bei 200 Grad (Umluft 180 Grad) auf der mittleren Schiene ca. 5 Min. hellbraun rösten. Auf einem Teller abkühlen lassen.

2 Datteln klein würfeln. Mozzarella abtropfen lassen und mit Küchenpapier trocken tupfen. 1 cm groß würfeln und zusammen mit den Datteln zum Spinat geben. Mandeln und Ei zugeben. Mit Salz, Chiliflocken und Zitronenschale kräftig würzen und alles gut mischen.

3 Eine ofenfeste Form (20 cm Ø) sorgfältig mit Butter ausstreichen. 1 Teigblatt in die Form legen und vorsichtig in die Kanten drücken. Mit Butter bepinseln, ein 2. Teigblatt leicht versetzt darüberlegen und mit Butter bepinseln. Restliche Teigblätter ebenso darüberlegen und jeweils mit Butter bepinseln.

4 Die Spinatmasse einfüllen und die Teigecken darüberklappen. Mit der restlichen Butter bepinseln und auf einem Rost im heißen Ofen wie oben 25–30 Min. goldgelb backen. 5 Min. abkühlen lassen, dann am besten mit einem Sägemesser aufschneiden.

PRO PORTION (BEI 4)
14 g E, 32 g F, 25 g KH = 450 kcal (1880 kJ)

Raffiniert! Wir haben das sizilianische Urspungsrezept „Torta pasqualina" auf schnell und einfach getrimmt!

Kürbis-Käs-Spätzle

FÜR 2–3 Portionen • **ZUBEREITUNGSZEIT** 35 Minuten

1 **100 g Bergkäse** raspeln. Aus **½ Hokkaido-Kürbis** (ca. 400 g) das weiche Innere und die Kerne mit einem Esslöffel herauskratzen. Fruchtfleisch inklusive der Schale raspeln. **1 Zwiebel** fein würfeln. **2** **400 g Spätzle** (Kühlregal) in einem Durchschlag nach Packungsanweisung in reichlich kochendem Salzwasser überbrühen und abtropfen lassen. **3** Zwiebeln in **1 El heißem Butterschmalz** in einer großen Pfanne glasig braten. Kürbis zugeben und bei mittlerer Hitze 4 Min. mitbraten. Spätzle untermischen, kräftig mit Pfeffer und etwas Salz würzen. Die Hälfte der Kürbis-Spätzle in einer gefetteten ofenfesten Form (30 x 17 cm) verteilen und mit der Hälfte des Käses bestreuen. Restliche Kürbis-Spätzle und restlichen Käse daraufgeben. **4** Auf einem Rost im heißen Ofen bei 200 Grad (Umluft 180 Grad) in der Ofenmitte 8–10 Min. überbacken. Kürbis-Käs-Spätzle mit **3 El Röstzwiebeln** bestreut servieren.

PRO PORTION (BEI 3) 19 g E, 23 g F, 48 g KH = 473 kcal (1985 kJ)

Pimp my Spätzle: So machen Sie aus einem Fertigprodukt im Nu ein Festessen.

Nudel-Gemüse-Gratin

FÜR 2 Portionen • **ZUBEREITUNGSZEIT** 10 Minuten • **PLUS BACKZEIT**

1 **80 g alten Gouda** grob schneiden, am besten im Blitzhacker fein zerkleinern oder auf der Haushaltsreibe reiben. **300 g Möhren** putzen, schälen und in 1 cm dicke Scheiben schneiden. **200 g Lauch** putzen, der Länge nach halbieren, ausspülen und abtropfen lassen. Lauch in 1 cm dicke Scheiben schneiden. **2** **1 El Butter** in einer Pfanne erhitzen. Möhren und Lauch darin bei mittlerer Hitze 5 Min. dünsten. Mit **Salz** und frisch geriebener **Muskatnuss** würzen. Mit **150 g kurzen Nudeln** (z. B. Makkaroni) in eine Auflaufform geben. Die Hälfte des Käses darauf verteilen. **3** **500 ml Gemüsebrühe** und **100 ml Schlagsahne** in der Pfanne aufkochen, gleichmäßig in die Form gießen. Mit restlichem Käse bestreuen. Im heißen Ofen bei 180 Grad auf einem Rost auf der mittleren Schiene 30 Min. überbacken (Umluft nicht empfehlenswert).

PRO PORTION 25 g E, 35 g F, 65 g KH = 690 kcal (2890 kJ)

Genial! Die Nudeln garen ohne Vorkochen einfach mit.

Rosenkohl-Kartoffel-Auflauf

FÜR 2 Portionen • **ZUBEREITUNGSZEIT** 40 Minuten

- **600 g Kartoffeln (vorwiegend festkochend)**
- **200 ml Milch**
- **200 ml Schlagsahne**
- **frisch geriebene Muskatnuss**
- **Cayennepfeffer**
- **Salz**
- **300 g Rosenkohl**
- **100 g geriebener Gouda**

Kaufen Sie möglichst kleine, feste, geschlossene Köpfchen und entfernen Sie beim Putzen die äußeren Blätter, **schneiden Sie die Strünke zurück** und kreuzweise ein, um die Garzeit zu verkürzen.

1 Kartoffeln schälen und in Spalten schneiden. Zusammen mit Milch und Sahne in einen Topf geben, mit Muskat, Cayennepfeffer und Salz würzen, zugedeckt aufkochen. Bei milder bis mittlerer Hitze unter gelegentlichem Rühren 10 Min. garen.

2 Einen mittelgroßen Topf voll Wasser zum Kochen bringen. Ofen auf 200 Grad (Umluft 180 Grad) vorheizen. Rosenkohl putzen. Wasser salzen und den Rosenkohl darin 5 Min. garen, abgießen und abtropfen lassen.

3 Die Kartoffeln zusammen mit der Sahnemischung in eine Auflaufform geben und den Rosenkohl dazwischen verteilen. Mit dem Gouda bestreuen und im heißen Ofen auf einem Rost auf der mittleren Schiene 20 Min. überbacken.

PRO PORTION 28 g E, 50 g F, 50 g KH = 781 kcal (3266 kJ)

In Sahnemilch gegart und mit Gouda überbacken, das Wohlfühlessen aus dem Ofen.

Kartoffel-Sauerkraut-Gratin

FÜR 4 Portionen • **ZUBEREITUNGSZEIT** 45 Minuten • **PLUS GARZEIT** 50 Minuten

- **1 Zwiebel**
- **1 Dose mildes Sauerkraut (550 g Füllmenge)**
- **1 El Butter**
- **Salz**
- **Pfeffer**
- **1–2 El milder Honig (z. B. Akazienhonig)**
- **250 ml Gemüsebrühe**
- **1 Lorbeerblatt**
- **800 g vorwiegend festkochende Kartoffeln**
- **300 ml Schlagsahne**
- **Muskatnuss**

Schichtarbeit Kartoffelscheiben dachziegelartig auf das Kraut legen. Damit sie gleichmäßig garen, die Scheiben möglichst gleichmäßig dünn schneiden.

1 Zwiebel fein würfeln. Sauerkraut gut abtropfen lassen. Butter zerlassen, Zwiebeln und Sauerkraut darin anbraten. Mit Salz, Pfeffer und 1 El Honig würzen. 150 ml Gemüsebrühe und Lorbeer zugeben. Aufkochen und offen bei mittlerer Hitze ca. 15 Min. köcheln lassen, bis die Flüssigkeit verdampft ist. Dann evtl. mit Salz, Pfeffer und Honig abschmecken, Lorbeerblatt entfernen und das Sauerkraut in eine Auflaufform (ca. 25–30 cm Länge) geben.

2 Kartoffeln schälen, waschen und in sehr dünne Scheiben schneiden. Scheiben dachziegelartig auf das Sauerkraut setzen. Sahne und 100 ml Brühe aufkochen. Mit Salz, Pfeffer und Muskat würzen. Über die Kartoffelscheiben gießen. Im heißen Ofen bei 210 Grad (Umluft 190 Grad) in der Ofenmitte 45–50 Min. goldbraun backen.

PRO PORTION 7 g E, 27 g F, 31 g KH = 412 kcal (1721 kJ)

Ein herrlicher Sattmacher.
Schmeckt am nächsten Tag
übrigens noch mal so gut.

Kürbis-Käse-Tarte

FÜR 12 Stücke • **ZUBEREITUNGSZEIT** 1 Stunde • **PLUS KÜHLZEIT**

- **200 g Mehl**
- **Salz**
- **175 g Doppelrahmfrischkäse**
- **110 g weiche Butter**
- **4 Eier (Kl. M)**
- **½ Hokkaido-Kürbis (700 g)**
- **3 Zwiebeln**
- **4 El Olivenöl**
- **Pfeffer**
- **frisch geriebene Muskatnuss**
- **100 g geraspelter mittelalter Gouda**

Ausgerollten Teig in die Form legen, den Rand mit den Fingern andrücken, überstehenden Teig mit dem Messer abschneiden.

1 Mehl, ½ Tl Salz, 100 g Frischkäse, 100 g Butter und 1 Ei mit den Knethaken des Handrührers zu einem glatten Teig verkneten. In Klarsichtfolie gewickelt 1 Std. kalt stellen.

2 Kürbis putzen und in dünne Scheiben schneiden. Zwiebeln schälen und in Streifen schneiden.

3 1 El Öl in einer großen beschichteten Pfanne erhitzen. Zwiebeln darin glasig braten, herausnehmen. 3 El Öl zugeben, Kürbis darin anbraten. Unter gelegentlichem Rühren bei mittlerer Hitze 10 Min. dünsten. Mit Salz und Pfeffer würzen.

4 Eine Quiche- oder Springform (28 cm Ø) mit restlicher Butter gründlich fetten. Teig auf einer bemehlten Arbeitsfläche rund ausrollen (32 cm Ø), in die Form legen. Überstehenden Rand abschneiden.

5 Gemüse auf dem Teig verteilen. 75 g Frischkäse und 3 Eier mit dem Schneidstab pürieren. Mit Salz, Pfeffer und Muskat würzen, über dem Kürbis verteilen. Mit Käse bestreuen, im heißen Ofen bei 200 Grad auf dem Rost auf dem Ofenboden 35–40 Min. goldbraun backen (Umluft nicht empfehlenswert).

PRO STÜCK 8 g E, 20 g F, 15 g KH = 275 kcal (1155 kJ)

Wer dieses Goldstück seinen Gästen serviert, gewinnt Freunde fürs Leben!

Kürbis-Kartoffel-Tortilla

FÜR 4 Portionen • **ZUBEREITUNGSZEIT** 1:10 Stunden

- **600 g Hokkaido-Kürbis**
- **400 g vorw. festkochende Kartoffeln**
- **6 El Öl**
- **Salz**
- **Pfeffer**
- **1 Bund Petersilie**
- **6 Eier (Kl. M)**
- **6 El Milch**
- **frisch geriebene Muskatnuss**

1 Kürbis putzen, mit einem Löffel entkernen und in 3 cm breite Spalten schneiden. Die Kürbisspalten quer in dünne Scheiben schneiden. Kartoffeln schälen und in dünne Scheiben schneiden.

Gut gelöst

Die Tortilla unbedingt in einer Pfanne mit unbeschädigter Beschichtung zubereiten, damit man sie gut aus der Pfanne bekommt. Achten Sie vor dem Herausnehmen darauf, dass sie unten und am Rand bereits gelöst ist.

2 2 El Öl in einer beschichteten Pfanne (ca. 20 cm Ø) erhitzen und die Kürbisspalten darin rundherum 5 Min. anbraten, salzen, pfeffern und herausnehmen. 3 El Öl in der Pfanne erhitzen und die Kartoffelscheiben rundherum anbraten, salzen, pfeffern und bei milder bis mittlerer Hitze zugedeckt 10 Min. dünsten. Kürbis untermischen und weitere 5 Min. zugedeckt garen.

3 Inzwischen die Petersilienblätter fein hacken. Eier und Milch in einem hohen Gefäß mit dem Schneidstab pürieren, mit Salz, Pfeffer und Muskat würzen.

4 Das Gemüse mit einem Pfannenwender vom Pfannenboden lösen, Petersilie untermischen. Alles gleichmäßig in der Pfanne verteilen. Den Pfannenrand mit 1 El Öl bepinseln. Eiermilch über das Gemüse gießen. Auf dem Rost im heißen Ofen bei 180 Grad (Umluft 160 Grad) auf der mittleren Schiene 20–30 Min. stocken lassen.

5 Die Tortilla vorsichtig mit einem Pfannenwender vom Pfannenboden lösen und auf eine Platte oder ein Brett gleiten lassen.

PRO PORTION 14 g E, 24 g F, 19 g KH = 352 kcal (1473 kJ)

Schmeckt auch am nächsten Tag grandios – kalt oder kurz im Ofen erwärmt

PILZ-LASAGNE

Keine Lust auf Stress? Die Lasagne lässt sich prima am Abend vorher in die Form schichten! Einfach abgedeckt in den Kühlschrank stellen und 40 Minuten vor dem Servieren in den 200 Grad heißen Ofen schieben.

Pilz-Lasagne

FÜR 2–3 Portionen • **ZUBEREITUNGSZEIT** 40 Minuten • **PLUS GARZEIT** 25–30 Minuten

- **350 g große weiße Champignons**
- **2 kleine Zwiebeln**
- **1 Knoblauchzehe**
- **100 g Möhren**
- **150 g Knollensellerie**
- **½ Bund glatte Petersilie**
- **3 El Olivenöl**
- **Salz**
- **Pfeffer**
- **1 El Tomatenmark**
- **100 ml Rotwein**
- **1 Dose Pizzatomaten (425 g EW)**
- **Zucker**
- **½ Tl getrockneter Majoran**
- **100 g mittelalter Gouda**
- **200 g Crème fraîche**
- **10 Lasagne-Blätter (ohne Vorkochen)**

1 Pilze putzen, fein würfeln. Zwiebeln und Knoblauch fein würfeln. Möhren und Sellerie putzen, in ½ cm große Würfel schneiden. Petersilienblätter von den Stielen zupfen und hacken.

2 2 El Öl in einer großen Pfanne erhitzen, Pilze darin 5 Min. braten. Zwiebeln, Knoblauch, Möhren und sellerie zugeben, 5 Min. mitbraten, salzen und pfeffern. Tomatenmark einrühren, kurz mitbraten. Mit Rotwein ablöschen, fast vollständig einkochen. Pizzatomaten zugeben, Pilzsauce bei mittlerer Hitze 10 Min. kochen. Mit Salz, Pfeffer, 1 Prise Zucker, Majoran und Petersilie würzen.

3 Käse raspeln. ¾ des Käses mit Crème fraîche verrühren. Eine Auflaufform (25 x 25 cm) mit 1 El Öl fetten. Pilzsauce, Crème-fraîche-Mischung und Lasagne-Blätter abwechselnd in die Form schichten. Die letzte Nudelschicht mit der Crème-fraîche-Mischung bestreichen und mit restlichem Käse bestreuen. Lasagne im heißen Ofen bei 200 Grad in der Ofenmitte 25–30 Min. goldbraun backen (Umluft nicht empfehlenswert). evtl. kurz vor Ende der Garzeit abdecken.

PRO PORTION (BEI 3)
22 g E, 41 g F, 45 g KH = 653 kcal (2736 kJ)

Ein vegetarischer Weltklasse-Sattmacher. Mit Kartoffeln und Eier-Crème-fraîche. Mhm!

Sauerkraut-Auflauf

FÜR 4 Portionen • **ZUBEREITUNGSZEIT** 40 Minuten • **PLUS BACKZEIT**

- **550 g vorwiegend festkochende Kartoffeln**
- **Salz**
- **1 Zwiebel**
- **1 rote Paprikaschote**
- **1 Dose Weinsauerkraut (400 g EW, 385 g Abtropfgewicht)**
- **½ Bund glatte Petersilie**
- **2 El Butter**
- **2–3 Tl Zucker**
- **Pfeffer**
- **2 Eier (Kl. M)**
- **200 g Crème fraîche**
- **Muskatnuss**

1 Kartoffeln schälen und in grobe Stücke schneiden. In einem Topf mit Salzwasser bedecken, zugedeckt aufkochen und bei mittlerer Hitze 20 Min. garen.

2 Inzwischen die Zwiebel würfeln. Paprika vierteln, entkernen und in Streifen schneiden. Sauerkraut in einem Sieb abtropfen lassen. Petersilienblätter von den Stielen zupfen und hacken.

3 ½ El Butter in einem Topf zerlassen. Zwiebeln darin glasig dünsten. Sauerkraut zugeben und 2 Min. mitdünsten. Mit Zucker, Salz und Pfeffer würzen, zugedeckt bei mittlerer Hitze 15 Min. kochen. Paprika untermischen. Eier mit Crème fraîche verrühren, salzen und pfeffern.

4 Kartoffeln abgießen, kurz abdampfen lassen und grob zerstampfen. 1 El Butter untermischen, mit Salz, Pfeffer und frisch geriebener Muskatnuss würzen. Eine Auflaufform (30 x 20 cm) mit ½ El Butter fetten. Kartoffelstampf mit der Sauerkrautmischung, Eier-Crème-fraîche und ⅔ der Petersilie mischen. Sauerkraut-Kartoffel-Masse in der Form verteilen. Im heißen Ofen bei 200 Grad im unteren Ofendrittel 45 Min. backen (Umluft nicht empfehlenswert). Mit der restlichen Petersilie bestreut servieren.

PRO PORTION 9 g E, 24 g F, 25 g KH = 364 kcal (1520 kJ)

Beim Shepherd's Pie gehört Fleisch unter die Püree-Haube, hier steckt Kohl darunter. Lecker!

Wirsing-Pie

FÜR 2 Portionen • **ZUBEREITUNGSZEIT** 40 Minuten • **PLUS BACKZEIT**

- **½ Kopf Wirsing (ca. 500 g)**
- **2 Zwiebeln**
- **1 Knoblauchzehe**
- **20 g Pinienkerne**
- **3 El Butter**
- **2 Tl Mehl**
- **Salz**
- **Pfeffer**
- **200 ml Gemüsebrühe**
- **200 ml Schlagsahne**
- **1 Bio-Zitrone**
- **Zucker**
- **1 Beutel Kartoffelpüree (für 3 Portionen)**
- **30 g geriebener ital. Hartkäse (z. B. Grana Padano)**

Das Püree mit einem Esslöffel auf dem Kohl verteilen und mit dem Löffelrücken glatt streichen.

1 Wirsing vierteln, den harten Strunk entfernen, Viertel in ca. 1 cm breite Streifen schneiden. Zwiebeln und Knoblauch fein würfeln. Pinienkerne in 2 El zerlassener Butter in einer Pfanne anrösten, herausnehmen. Wirsing, Zwiebeln und Knoblauch im Bratfett andünsten. Mehl darüberstäuben, kurz anschwitzen. Mit Salz und Pfeffer würzen. Mit Brühe und Sahne ablöschen. 1 Tl abgeriebene Zitronenschale und 2 El Zitronensaft zugeben, Pinienkerne untermischen, mit Salz, Pfeffer und 1 Prise Zucker abschmecken. In eine Auflaufform (ca. 30 x 20 cm) geben. Im heißen Ofen bei 200 Grad (Umluft 180 Grad) auf der untersten Schiene 20 Min. garen.

2 Kartoffelpüree nach Packungsanweisung zubereiten. ½ El Butter und Hartkäse unterrühren. Auf dem vorgegarten Kohl verteilen. Restliche Butter in Flöckchen darauf verteilen. Im heißen Ofen (wie oben) im oberen Ofendrittel 25–30 Min. überbacken.

PRO PORTION 18 g E, 60 g F, 54 g KH = 850 kcal (3556 kJ)

Pilzauflauf

FÜR 2 Portionen • **ZUBEREITUNGSZEIT** 45 Minuten

- **500 g Champignons**
- **1 kleine Zwiebel**
- **20 g getrocknete Tomaten (in Öl)**
- **4 El Öl**
- **100 ml Weißwein**
- **200 ml Schlagsahne**
- **1 Tl getrockneter Majoran**
- **Salz**
- **Pfeffer**
- **2 Eier (Kl. M)**
- **50 ml Milch**
- **3 Scheiben Vollkorntoast**
- **1 El Butter**
- **½ Bund glatte Petersilie**

1 Champignons putzen und halbieren. Zwiebel fein würfeln. Getrocknete Tomaten klein würfeln.

2 Öl in einer großen Pfanne erhitzen und die Pilze darin rundherum hellbraun anbraten. Zwiebeln zugeben und 1 Min. mitbraten. Mit Wein ablöschen. Sahne, Tomaten und Majoran zugeben. Mit Salz und Pfeffer würzen. Pilzsauce in eine Auflaufform (ca. 15 x 15 cm) geben.

3 Eier und Milch in einem tiefen Teller verquirlen, leicht salzen. Toastscheiben diagonal halbieren. In der Eiermilch wenden und auf die Pilze legen. Mit Butterflocken belegen. Auf dem Rost im heißen Ofen bei 200 Grad auf der mittleren Schiene 20 Min. überbacken (Umluft nicht empfehlenswert).

4 Inzwischen die Petersilienblätter abzupfen und fein hacken. Den Auflauf mit Petersilie bestreut servieren.

PRO PORTION 22 g E, 60 g F, 26 g KH = 744 kcal (3115 kJ)

Tipp

Der Auflauf schmeckt auch toll mit altbackenen Brötchen. Einfach in Scheiben schneiden und mind. 5 Min. in der Eiermilch einweichen.

Unter der krossen Toastkruste duften Pilze in Weißweinsahne. Himmlisch!

FÜR ANGEBER

WIRSINGSTRUDEL
Tomaten und Wirsing in Blätterteig mit feinstem Pilzrahm. Fleischfrei, fantastisch und so festlich!
➔ Rezept auf Seite 306

Wirsingstrudel

FÜR 6 Portionen • **ZUBEREITUNGSZEIT** 1:40 Stunden

- **1 Kopf Wirsing (ca. 1,3 kg)**
- **Salz**
- **80 g getrocknete Tomaten (in Öl, abgetropft)**
- **2 Zwiebeln** • **7 El Olivenöl**
- **250 ml Schlagsahne**
- **Pfeffer**
- **2 Rollen Blätterteig (à 275 g, Kühlregal)**
- **20 g getrocknete Steinpilze**
- **2 Eier (Kl. M)**
- **100 g geriebener ital. Hartkäse (z. B. Grana Padano)**
- **500 g Champignons**
- **100 ml Weißwein**
- **1–2 Tl Zitronensaft**
- **1–2 El heller Saucenbinder**
- **3 El gehackte Petersilie**

1 Wirsing vierteln, äußere Blätter entfernen, den dicken Strunk keilförmig herausschneiden. Lose Blätter waschen, abtropfen lassen. Wirsing in 2 cm breite Streifen schneiden. In kochendem Salzwasser 5 Min. blanchieren, abgießen, abschrecken, gut abtropfen lassen.

2 Tomaten hacken. Zwiebeln würfeln und im Topf in 3 El Öl glasig dünsten. Wirsing kurz mitdünsten. 50 ml Sahne zugießen, aufkochen, salzen, pfeffern. Fast ganz einkochen lassen, Tomaten zugeben, lauwarm abkühlen lassen. Blätterteig entrollen, jeweils von der kurzen Seite einen 4 cm breiten Streifen abschneiden. Sterne ausstechen.

3 Steinpilze in 200 ml heißem Wasser einweichen. 1 Ei trennen. Eiweiß und 1 Ei verquirlen, mit Käse unter den Wirsing mischen. Wirsingmasse mittig auf beide Blätterteigplatten verteilen, der Länge nach verschließen. Seiten fest zudrücken, Strudel mit der Nahtstelle nach unten auf ein mit Backpapier belegtes Blech legen. Mit Eigelb bestreichen, mit Sternen verzieren. Im heißen Ofen bei 200 Grad (Umluft 180 Grad) auf unterster Schiene 30 Min. backen.

4 Champignons putzen, halbieren, in großer Pfanne mit 4 El heißem Öl hellbraun anbraten. Mit Wein ablöschen. Steinpilzwasser und 200 ml Sahne zugießen, aufkochen. Steinpilze grob hacken und zugeben. Mit Salz, Pfeffer und Zitronensaft würzen und mit Saucenbinder binden.

5 Strudel in 6 Stücke schneiden, mit Pilzrahm anrichten. Mit gehackter Petersilie bestreut servieren.

PRO PORTION 22 g E, 53 g F, 42 g KH = 756 kcal (3168 kJ)

Belegt mit Birne, Chicorée, Radicchio und Limburger. Kross und unwiderstehlich!

Winterlicher Flammkuchen

FÜR 4 Portionen • **ZUBEREITUNGSZEIT** 30 Minuten

1 **1 mittelreife Birne** (200 g) vierteln, entkernen, in feine Scheiben schneiden. Mit **½ El Zitronensaft** mischen. **100 g Chicorée** putzen und längs in Streifen schneiden. **80 g Limburger Käse** (20 % Fett i. Tr.) würfeln. **2** Ein Blech im heißen Ofen bei 250 Grad vorheizen. **1 Pk. Flammkuchenteig** (Kühlregal, 260 g, 40 x 24 cm) mit dem Backpapier entrollen. Teig mit **150 g Crème légère** (15 %) einstreichen. Birnenscheiben, Chicorée und Käse darauf verteilen. Mit **Salz** und **Pfeffer** würzen. Flammkuchen mit dem Papier auf das heiße Blech ziehen. Im heißen Ofen bei 250 Grad im unteren Ofendrittel 15–20 Min. backen (Umluft nicht empfehlenswert). **3** **100 g Radicchio** putzen und in Streifen schneiden. Mit **1 El Zitronensaft** und **1 El Olivenöl** mischen, salzen und pfeffern. Flammkuchen mit Radicchio bestreuen und sofort servieren.

PRO PORTION 12 g E, 12 g F, 38 g KH = 320 kcal (1338 kJ)

Überbacken mit würzigem Käse eine Traumtorte zum Sattessen – einfach aus dem Ofen. Lecker!

Pilz-Rosenkohl-Tortilla

FÜR 2 Portionen • **ZUBEREITUNGSZEIT** 40 Minuten

- **250 g Rosenkohl**
- **250 g Champignons**
- **1 Schalotte**
- **2 El Öl**
- **Salz**
- **4 Eier (Kl. M)**
- **30 g Manchego (span. Hartkäse, frisch gerieben)**
- **Pfeffer**

1 Rosenkohl putzen und halbieren. Champignons putzen und je nach Größe halbieren oder vierteln. Schalotte fein würfeln. Öl in einer ofenfesten Pfanne erhitzen, Rosenkohl darin bei mittlerer Hitze 5 Min. braten, dabei salzen und gelegentlich wenden. Pilze und Schalotten zugeben und weitere 3 Min. braten. Zugedeckt bei milder Hitze 5 Min. dünsten.

2 In einer großen Schüssel Eier verquirlen, Manchego und etwas Pfeffer unterrühren und sofort über die Rosenkohl-Pilze geben.

3 Im heißen Ofen bei 180 Grad auf dem Rost in der Ofenmitte 20 Min. stocken lassen (Umluft nicht empfehlenswert). Tortilla auf ein Brett stürzen und in Stücke schneiden.

PRO PORTION 27 g E, 26 g F, 6 g KH = 370 kcal (1550 kJ)

In Sahne gegart sind Kürbis, Möhren, Pastinaken und Kartoffeln ein echtes Fest

Gemüse-Gratin

FÜR 4 Portionen • **ZUBEREITUNGSZEIT** 30 Minuten • **PLUS BACKZEIT**

1 **350 g Hokkaido-Kürbis** putzen und entkernen. **300 g Möhren**, **300 g Pastinaken** und **350 g Kartoffeln** schälen. Gemüse und **100 g Bergkäse** raspeln. Blättchen von **8 Stielen Thymian** abstreifen. Gemüse mit der Hälfte des Käses in einer Schüssel mischen. Mit **Salz**, **Pfeffer**, frisch geriebener **Muskatnuss** und Thymian würzen. **1 Knoblauchzehe** hacken. **250 ml Schlagsahne**, **200 g Crème fraîche** und Knoblauch verrühren, salzen und pfeffern. **2** Eine Auflaufform (30 x 20 cm) mit **Butter** einfetten. Gemüse-Käse-Mischung in die Form füllen. Crème-fraîche-Mischung darübergießen und mit dem restlichen Käse bestreuen. Die Form locker mit einem Stück Alufolie abdecken. **3** Gemüse-Gratin im heißen Ofen bei 200 Grad (Umluft 180 Grad) im unteren Ofendrittel 30 Min. garen. Alufolie entfernen und weitere 30 Min. backen.

PRO PORTION 13 g E, 44 g F, 28 g KH = 569 kcal (2383 kJ)

Die Winterwurzel

Wussten Sie, dass Pastinaken erst so richtig gut sind, wenn sie Frost abbekommen haben? Der macht sie nämlich milder und süßer im Geschmack.

DESSERTS

Und zum Schluss löffeln Sie sich fruchtig, sahnig, schokoladig oder knusprig in die Glückseeligkeit. Versuchen Sie zum Beispiel Himbeer-Kokos-Sorbet, Rosmarin-Crème-Caramel, Lasagne Melba oder Buttermilch-Panna-cotta.

APFELKÜCHLEIN
Goldene Glücklichmacher
für die Liebsten

→ Rezept auf Seite 339

Grapefruit-Grütze

FÜR 4 Portionen • **ZUBEREITUNGSZEIT** 20 Minuten plus Kühlzeit

1 **2 Pink Grapefruits**, **1 gelbe Grapefruit** und **2 Orangen** so schälen, dass die weiße Haut vollständig entfernt wird. Die Filets zwischen den Trennhäuten herausschneiden, den herabtropfenden Saft dabei auffangen und aus den Resten gut ausdrücken. **2** Aufgefangenen Saft (ca. 250 ml) mit Wasser auf 400 ml auffüllen. Mit **40 g braunem Zucker** aufkochen. **20 g Speisestärke** mit wenig Wasser glatt rühren, unter Rühren zum kochenden Saft geben, erneut gut aufkochen. Grapefruit- und Orangenfilets untermischen, in einer Schüssel abkühlen lassen. **20 g Baiser** grob zerstoßen. Grütze mit Baiser bestreut servieren.

PRO PORTION 2 g E, 0 g F, 36 g KH = 178 kcal (748 kJ)

Leise rieseln Baiser-Brösel und süßen die zitrusfrische Grütze auf herrlich leichte Art

Mixen Sie Ihren Gästen das schnellste Happy End der Welt: fruchtig, exotisch, phänomenal!

Himbeer-Kokos-Sorbet

FÜR 4 Portionen • **ZUBEREITUNGSZEIT** 10 Minuten

1 **500 g TK-Himbeeren** (gefroren), **200 ml ungesüßte Kokosmilch**, **50 ml Schlagsahne**, **60 g Puderzucker** und **2 El Zitronensaft** in einem Standmixer fein pürieren, dabei zwischendurch evtl. umrühren, sodass die Masse gleichmäßig püriert wird. **2** Aus der Masse mit einem Eisportionierer 8–12 Kugeln abstechen, mit **4 El gestreiften Schokoladenröllchen** bestreut servieren.

PRO PORTION 3 g E, 14 g F, 26 g KH = 256 kcal (1070 kJ)

Apfel-Crumble

FÜR 4 Portionen • **ZUBEREITUNGSZEIT** 50 Minuten plus Wartezeiten

1 **75 g Butter** zerlassen. **40 g Haselnussblättchen** fein mahlen, mit **25 g Haselnussblättchen**, **110 g Mehl**, **60 g Zucker**, **1 Msp. Zimtpulver** und **1 Prise Salz** mischen. Butter zugeben, alles zuerst mit den Knethaken des Handrührers, dann mit den Händen zu Streuseln kneten. 30 Min. kalt stellen. 2 **1 kg säuerliche Äpfel** (z. B. Elstar) schälen, vierteln, entkernen und quer in dünne Scheiben schneiden, mit **50 g Zucker**, **1 Pk. Vanillezucker** und **3 El Zitronensaft** mischen, 20 Min. Saft ziehen lassen. Den Ofen auf 200 Grad (Umluft 180 Grad) vorheizen. 3 4 ofenfeste Förmchen (à ca. 13 cm Ø) mit **10 g Butter** einfetten, Apfelmischung auf die Förmchen verteilen. Mit den Streuseln bestreuen. Im heißen Ofen auf der mittleren Schiene 30–35 Min. knusprig braun backen. **100 g Schmand** glatt rühren. Crumble mit **½ El Puderzucker** bestäuben und mit dem Schmand servieren.

PRO PORTION 6 g E, 29 g F, 85 g KH = 643 kcal (2693 kJ)

Schmand und mürbe Nussstreusel toppen die Äpfel. Warm servieren!

Marinierte Erdbeeren mit weißer Schoko-Sauce

FÜR 4 Portionen • **ZUBEREITUNGSZEIT** 35 Minuten

1 **100 g weiße Schokolade** grob hacken. 20 g davon beiseitestellen. **50 ml Schlagsahne** in einem Topf erhitzen. Vom Herd ziehen und 80 g gehackte Schokolade darin unter Rühren schmelzen. Auf Zimmertemperatur abkühlen lassen. **2** **250 g Erdbeeren** putzen und in Scheiben schneiden. Mit **1 Pk. Vanillezucker** und **2 El Zucker** mischen, 10 Min. marinieren. **200 ml Schlagsahne** steif schlagen. **3** Schlagsahne mit Schoko-Sauce und Erdbeeren in 4 Gläser oder Schälchen schichten und mit der übrigen Schokolade bestreut servieren.

PRO PORTION 3 g E, 27 g F, 32 g KH = 395 kcal (1653 kJ)

Die helle Freude hat einen Namen – und macht Löffel für Löffel rundum glücklich!

ERSTE SAHNE!

Erdbeer-Tiramisu

FÜR 6–8 Portionen • **ZUBEREITUNGSZEIT** 45 Minuten plus Kühlzeit

- **150 ml kalter Espresso**
- **2 El Amaretto**
- **750 g möglichst kleine Erdbeeren**
- **250 g Mascarpone**
- **250 g Magerquark**
- **80 g Puderzucker**
- **200 ml Schlagsahne**
- **1 Pk. Sahnefestiger**
- **200 g Löffelbiskuits**
- **1 Pk. Vanillezucker**

Tipp I

Wenn Kinder mitessen, Espresso und Amaretto einfach durch frisch gepressten Orangensaft und 1 Päckchen Vanillezucker ersetzen.

Tipp II

Wer mag, lässt für die Verzierung bei einigen Erdbeeren das Grün an der Frucht (siehe Foto).

1 Espresso mit Amaretto mischen. 300 g Erdbeeren putzen und halbieren.

2 Mascarpone, Quark und Puderzucker in einer Schüssel vorsichtig mit einem Teigschaber zu einer glatten Creme verrühren. Schlagsahne mit Sahnefestiger steif schlagen und unterheben.

3 Den Boden einer Auflaufform (ca. 26 x 16 cm) mit Löffelbiskuits auslegen. Mit der Hälfte des Espressos beträufeln. Mit ⅓ Mascarpone-Creme bestreichen und mit den Erdbeerhälften belegen. ⅓ Creme darauf verteilen, mit übrigen Löffelbiskuits belegen und mit übrigem Espresso beträufeln. Übrige Creme locker daraufstreichen. Abgedeckt mind. 1 Std. kalt stellen.

4 150 g Erdbeeren putzen und halbieren. Restliche Erdbeeren putzen, mit Vanillezucker in einem hohen Gefäß fein pürieren, dann durch ein feines Sieb streichen.

5 Tiramisu in Stücke schneiden, mit Erdbeerpüree und Erdbeerhälften anrichten.

PRO PORTION (BEI 8)
9 g E, 22 g F, 38 g KH = 410 kcal (1714 kJ)

LUXUS-SCHNITTE

Als wäre der Klassiker nicht schon genial genug. So ist er der Sonnengruß aus Italien

Früchte, Sahnequark und Schokokekse. Blitzschnell geschichtet und weggelöffelt!

Quark-Beeren-Dessert

FÜR 4 Portionen
ZUBEREITUNGSZEIT 15 Minuten • **PLUS ZEIT ZUM DURCHZIEHEN**

1 **1 Pk. TK-Beerenmischung** (300 g) und **20 g Puderzucker** mischen, in eine Form (ca. 30 x 20 cm) geben. **2** **500 g Speisequark** (20 %), **20 g Puderzucker** und **1 Pk. Vanillezucker** mit den Quirlen des Handrührers 5 Min. cremig aufschlagen. **250 ml Schlagsahne** steif schlagen und unter den Quark heben. Auf die Beeren streichen. **3** **150 g Schokoladen-Cookies** in einen Gefrierbeutel geben und mit einem Rollholz fein zerstoßen. Auf den Quark streuen. Dessert abgedeckt 5 Std. im Kühlschrank durchziehen lassen.

PRO PORTION 19 g E, 35 g F, 46 g KH = 585 kcal (2450 kJ)

Rhabarbergrütze

FÜR 2 Portionen • **ZUBEREITUNGSZEIT** 20 Minuten

1 **150 g TK-Erdbeeren** auftauen lassen. **350 g Rhabarber** putzen und in schräge, ca. 2 cm lange Stücke schneiden. Aufgetaute Erdbeeren und **50 g Zucker** fein pürieren. 2 Erdbeerpüree und **6 El Orangensaft** aufkochen. **4 Tl Vanillepuddingpulver** und **2 El Orangensaft** glatt rühren, in das kochende Püree rühren. Erneut gut aufkochen. Rhabarber untermischen und bei mittlerer Hitze 5–6 Min. köcheln lassen. Den Topf nur schwenken, nicht rühren, damit der Rhabarber nicht zerfällt. **150 g TK-Erdbeeren** untermischen, in eine Schüssel füllen und abkühlen lassen. 3 **100 ml Schlagsahne** mit einem Schneebesen leicht anschlagen, mit **200 g fertigem Vanillepudding** (Kühlregal) und **6 El Milch** verrühren. Zur Grütze servieren.

PRO PORTION 7 g E, 21 g F, 70 g KH = 519 kcal (2170 kJ)

Mousse und Maracuja-Orangen-Püree lassen sich perfekt vorbereiten

Weiße Schoko-Mousse

FÜR 4–6 Portionen • **ZUBEREITUNGSZEIT** 30 Minuten • **PLUS KÜHLZEITEN**

1 **200 g weiße Kuvertüre** hacken und über einem heißen Wasserbad zerlassen. Vom Wasserbad nehmen und **200 g Schmand** mit einem Schneebesen unterrühren. **250 ml Schlagsahne** und **1 Pk. Vanillezucker** steif schlagen. Zuerst ⅓ unter die Kuvertüre mischung rühren, dann den Rest unterheben. Wellig in Schälchen füllen und mind. 3 Std. kalt stellen. 2 **5 Maracujas** halbieren und das Innere mit einem Löffel herauslösen, in einen Rührbecher geben und kurz anpürieren. Durch ein Sieb streichen, einen Teil der Kerne aufbewahren. 3 Maracujasaft (ca. 125 ml), **1 Tl fein abgeriebene Bio-Orangenschale**, **100 ml Orangensaft**, **25 g Puderzucker** und **2 El Vanillesaucenpulver** (ohne Kochen) gut verrühren. 4 Tl der Maracujakerne untermischen. Sauce kalt stellen. 4 Vor dem Servieren etwas Sauce auf die Mousse geben, den Rest extra servieren.

PRO PORTION (BEI 6) 4 g E, 33 g F, 33 g KH = 456 kcal (1912 kJ)

Und zum Schluss löffeln Sie sich fruchtig, sahnig und knusprig in den Sonnenuntergang

Aprikosen-Trifle

FÜR 4 Portionen • **ZUBEREITUNGSZEIT** 30 Minuten plus Kühlzeit

1 **350 g Aprikosen** entsteinen und grob würfeln. **½ Vanilleschote** längs aufschneiden und das Mark herauskratzen. 50 ml Wasser, **3 El Zucker** und Vanillemark in einem Topf aufkochen. Aprikosenwürfel zugeben und bei mittlerer Hitze 3 Min. unter Rühren köcheln lassen. In einer Schüssel vollständig abkühlen lassen. 2 **250 g Magerquark** mit **2½ El Zucker** glatt rühren. **150 ml Schlagsahne** steif schlagen und unterheben. 3 Aprikosenkompott und Sahnequark in 4 Dessertgläser schichten und kalt stellen. 4 **6 Cantuccini** in einen Gefrierbeutel geben und mit einem Rollholz o. ä. grob zerstoßen. Kurz vor dem Servieren auf die Quarksahne streuen.

PRO PORTION 12 g E, 16 g F, 49 g KH = 406 kcal (1704 kJ)

Rosmarin-Crème-Caramel

FÜR 4 Portionen • **ZUBEREITUNGSZEIT** 1 Stunde 25 Minuten plus Kühlzeit

1 **1 Vanilleschote** längs aufschneiden, Mark herauskratzen. Schote und Mark mit **200 ml Schlagsahne** und **200 ml Milch** in einem Topf aufkochen. Beiseitestellen, **35 g Zucker** unterrühren. **1–2 Zweige Rosmarin** zugeben und 20 Min. durchziehen lassen. **2** **6 weiche Karamellbonbons** (z. B. Muh-Muhs) hacken. Mit **3 El Orangensaft** in einem kleinen Topf aufkochen und bei milder Hitze unter Rühren schmelzen. Karamellsahne in 4 ofenfeste Formen (à 150 ml) verteilen. In eine große Auflaufform stellen. **3** Ofen auf 180 Grad (Umluft nicht empfehlenswert) vorheizen. **2 Eier (Kl. M)** und **2 Eigelb (Kl. M)** in einer Schüssel verrühren. Karamellsahne durch ein Sieb gießen, nach und nach in die Eier rühren. In die vorbereiteten Formen gießen. Auf einem Rost im heißen Ofen ins untere Drittel stellen. Kochendes Wasser 2 cm hoch in die Form gießen. 40 Min. stocken lassen. Vorsichtig aus dem Ofen nehmen und bei Raumtemperatur vollständig abkühlen lassen. Dann 2 Std. kalt stellen. **4** **200 g Brombeeren** verlesen. Crème Caramel vorsichtig mit einem kleinen Messer vom Förmchenrand lösen und auf Dessertteller stürzen. Mit den Brombeeren servieren.

PRO PORTION 8 g E, 25 g F, 22 g KH = 353 kcal (1479 kJ)

Das Dessert können Sie super am Vortag vorbereiten. Das Geheimnis: Karamellbonbons!

Mit Traubensalat oder anderem Obst zum Niederknien

Mohnschmarren

FÜR 2–4 Portionen • **ZUBEREITUNGSZEIT** 35 Minuten

1 **250 g gemischte Trauben** putzen und halbieren. **2 El Zitronensaft** und **1 El Honig** verrühren und die Trauben untermischen. 2 **4 Eier** (Kl. M) trennen. Eigelbe mit **250 ml Milch** verquirlen. **150 g Mehl**, **30 g gemahlene Mohnsaat** und **1 Pk. Vanillezucker** mischen. Milchmischung nach und nach mit einem Schneebesen einrühren und alles zu einem glatten Teig verrühren. 3 Eiweiße und 1 Prise Salz mit den Quirlen des Handrührers steif schlagen. **1 El Zucker** unter Rühren einrieseln lassen und 10 Sek. weiterrühren. Eischnee vorsichtig unter den Teig heben. 4 Je **1 El Butter** in zwei beschichteten Pfannen (20 cm Ø) schmelzen. Teig hineingießen und zugedeckt bei milder bis mittlerer Hitze 5–8 Min. braten, bis er fast durchgebacken ist. 5 Den Schmarren mit 2 Holzspateln vierteln, wenden und weitere 1–2 Min. braten. In Stücke zerteilen und auf eine Platte geben. Mit **Puderzucker** bestreuen und mit den Trauben servieren.

PRO PORTION (BEI 4) 15 g E, 17 g F, 50 g KH = 427 kcal (1788 kJ)

Milchreis mit Heidelbeerkompott

FÜR 2–3 Portionen • **ZUBEREITUNGSZEIT** 40 Minuten • **PLUS KÜHLZEIT**

1 **½ Vanilleschote** längs aufschneiden und das Mark mit dem Messer herauskratzen. Mark und Schote mit **125 g Milchreis**, **500 ml Milch** und **1 Prise Salz** in einen Topf geben und unter Rühren aufkochen. Zugedeckt bei kleinster Hitze unter gelegentlichem Rühren ca. 25 Min. garen.
2 Inzwischen **200 g TK-Heidelbeeren** mit **1 El Zucker** und **1 El Zitronensaft** in eine Schüssel geben und auftauen lassen. **3** Vanilleschote aus dem Milchreis entfernen, **4 El Zucker** unterrühren, in eine Schüssel füllen und bei Raumtemperatur vollständig abkühlen lassen. **4** **150 ml Schlagsahne** steif schlagen und unter den Milchreis heben. Heidelbeeren durchrühren und abwechselnd mit dem Milchreis in Dessertgläser füllen. Mit etwas **Zitronenmelisse** verziert servieren.

PRO PORTION (BEI 3) 9 g E, 22 g F, 80 g KH = 567 kcal (2378 kJ)

Schlagsahne macht den Milchreis extracremig, mit Beeren geschichtet einfach grandios!

Schaum-Omelett mit Kiwi

FÜR 2 Portionen • **ZUBEREITUNGSZEIT** 40 Minuten

- **2 Kiwis**
- **8 El Orangensaft**
- **2 El Limettensaft**
- **2 El Puderzucker**
- **2 Tl Dessertsaucenpulver Vanille (ohne Kochen)**
- **2 Eier (Kl. M, getrennt)**
- **Salz**
- **40 g Zucker**
- **40 g Mehl**
- **2 El Butter**
- **2 El Öl**

1 Kiwis schälen, längs halbieren und in dünne Scheiben schneiden. Orangensaft, Limettensaft, 1 El Puderzucker und Saucenpulver gut verrühren, mit den Kiwis mischen.

2 Eiweiße und 1 Prise Salz steif schlagen, dann 20 g Zucker einrieseln lassen und 2 Min. weiterschlagen. Eigelbe und 20 g Zucker mit den Quirlen des Handrührers mind. 5 Min. sehr cremig rühren. Eischnee auf die Eigelbe geben, Mehl daraufsieben, alles vorsichtig unterheben.

3 Je 1 El Butter und Öl in einer großen beschichteten Pfanne erhitzen. Pro Schaum-Omelett ¼ des Teigs in die Pfanne geben. Bei mittlerer Hitze von jeder Seite 3–4 Min. backen. Fertige Omeletts zwischen 2 Tellern warm halten. Omeletts mit den Kiwis anrichten, mit übrigem Puderzucker bestäubt servieren.

PRO PORTION 10 g E, 29 g F, 63 g KH = 564 kcal (2364 kJ)

Golden Girl

Leckere Alternative zur grünen Kiwi: Kiwi Gold schmeckt schön süß, leicht nach Mango oder Pfirsich. Sie kann sogar mit Schale gegessen werden und schmeckt am besten gut gekühlt.

FÜR ANGEBER

Kiwis in Orangen-Vanille-Sauce zu luftigen Omeletts – frisch, fein und fantastisch!

Beerenkompott mit Buttermilch

FÜR 2 Portionen • **ZUBEREITUNGSZEIT** 20 Minuten • **PLUS KÜHLZEIT**

1 **100 g Heidelbeerkonfitüre**, **120 ml Orangensaft**, **150 g Himbeeren** und **150 g Heidelbeeren** aufkochen und zugedeckt bei mittlerer Hitze 5 Min. köcheln lassen. **3 Tl Vanillepuddingpulver** in etwas kaltem Wasser glatt rühren, in die kochende Beerenmischung rühren und erneut gut aufkochen lassen. Masse in eine breite Schüssel füllen und abkühlen lassen.

2 **150 g Himbeeren** und **150 g Heidelbeeren** vorsichtig unter die abgekühlte Beerenmischung rühren. **50 g Kokoszwieback** hacken. Kompott mit **300 ml kalter Buttermilch** und dem Zwieback servieren.

PRO PORTION 10 g E, 5 g F, 83 g KH = 450 kcal (1885 kJ)

Kokoszwieback macht die leichte Mahlzeit zum absoluten Kracher!

Herrlich fruchtig mit einem Püree aus Mango, Limette und Orange

Exotischer Grießflammeri

FÜR 4 Portionen • **ZUBEREITUNGSZEIT** 40 Minuten

1 **1 Ei** (Kl. M) trennen. Eiweiß und 1 Prise Salz in einem hohen Gefäß steif schlagen. **40 g Zucker** nach und nach einrühren und ½ Min. weiterschlagen, bis ein cremig-fester Eischnee entstanden ist. Eigelb und **1 El Milch** verrühren. **2** **200 ml Kokosmilch** in einem Topf unter Rühren aufkochen. **60 g Hartweizengrieß** einrieseln lassen und unter Rühren bei milder Hitze ca. 1 Min. dicklich einkochen, dann in eine Schüssel füllen. Eigelb und **1 Tl abgeriebene Bio-Limettenschale** sofort kräftig unterrühren. Eischnee in 3 Portionen vorsichtig unterheben. **3** Die Grießmasse in Gläser füllen und 3–4 Std. kalt stellen. **4** Inzwischen **½ Mango** (ca. 100 g) schälen. Das Fruchtfleisch zusammen mit **1 El Limettensaft** und **50 ml Orangensaft** in ein hohes Gefäß geben, fein pürieren und auf den Grießflammeris anrichten. Mit **1 El Kokosraspel** bestreuen.

PRO PORTION 4 g E, 11 g F, 40 g KH = 290 kcal (1213 kJ)

Bauernmädchen

FÜR 4 Portionen • **ZUBEREITUNGSZEIT** 40 Minuten • **PLUS KÜHLZEITEN**

- **400 g säuerliche Äpfel**
- **400 g reife Birnen**
- **100 g Zucker**
- **1 Tl fein abgeriebene Bio-Zitronenschale**
- **3 El Zitronensaft**
- **1 Zimtstange**
- **60 g Butter**
- **100 g Semmelbrösel**
- **150 ml Schlagsahne**

Kompott- und Bröselschichten lassen sich mit einem Glas mit kleinerem Durchmesser, das man auf die Bröselschicht stellt, sehr gut fest andrücken.

1 Äpfel und Birnen schälen, vierteln, entkernen und in Spalten schneiden. Mit 50 g Zucker, Zitronenschale, -saft und der Zimtstange in einem Topf mischen, aufkochen und zugedeckt bei mittlerer Hitze 15 Min. köcheln lassen. In eine Schüssel füllen und abkühlen lassen.

2 Butter zerlassen, Semmelbrösel und restlichen Zucker zugeben und bei mittlerer Hitze knusprig anrösten, dabei mehrfach umrühren. In eine Schüssel füllen und abkühlen lassen.

3 Kompott und Brösel abwechselnd in 4 Gläser (à ca. 250 ml Inhalt) schichten (2 Tl Brösel beiseitestellen), dabei jeweils die Bröselschichten gut andrücken und mit einer Bröselschicht enden. Gläser 1 Std. kalt stellen. Dann die Sahne steif schlagen, etwas Sahne in die Gläser geben, mit den restlichen Bröseln bestreuen. Restliche Sahne dazu servieren.

PRO PORTION 4 g E, 25 g F, 69 g KH = 522 kcal (2189 kJ)

HIN-GUCKER

Lecker und hübsch: abwechselnd Kompott und Brösel, on top ein Sahnehäubchen

Lasagne Melba

FÜR 2–4 Portionen • **ZUBEREITUNGSZEIT** 35 Minuten • **PLUS KÜHL- UND BACKZEIT**

- **1 gehäufter El Vanillepuddingpulver**
- **50 g Zucker**
- **300 ml Milch**
- **1 Dose Pfirsichhälften (240 g Abtropfgewicht)**
- **½ altbackenes Brötchen**
- **1 El weiche Butter**
- **250 g Magerquark**
- **2 Eier (Kl. M)**
- **6–8 Lasagne-Platten**
- **150 g TK-Himbeeren (aufgetaut)**

Schichtwechsel Damit die Nudelplatten gut durchgaren, werden sie zwischen Pudding-Quark-Masse und Früchten geschichtet.

1 Vanillepuddingpulver mit 40 g Zucker und ca. ¼ der Milch verrühren. Restliche Milch unter Rühren aufkochen. Puddingmischung einrühren und alles erneut aufkochen. In eine Schüssel füllen und unter gelegentlichem Rühren lauwarm abkühlen lassen.

2 Inzwischen die Pfirsiche abgießen und in ca. 1 cm dicke Spalten schneiden. Brötchen grob raspeln, mit Butter und restlichem Zucker am besten mit den Fingern verkneten.

3 Quark und Eier unter den Pudding rühren. Abwechselnd mit den Lasagne-Platten, Himbeeren und Pfirsichen in zwei Auflaufformen (à 15 x 15 cm oder eine große ca. 25 x 15 cm) schichten. Dabei mit Quarkmasse und Pfirsichen enden.

4 Im heißen Ofen bei 180 Grad (Umluft 160 Grad) auf dem Rost auf der mittleren Schiene 25 Min. backen. Mit der Bröselmischung bestreuen und weitere 10–15 Min. goldbraun backen.

PRO PORTION (BEI 4)
18 g E, 9 g F, 53 g KH = 382 kcal (1598 kJ)

Überraschung! Zwischen Vanillequark und Früchten stecken Lasagne-Nudeln

TOLLE IDEE

Experimentieren …

… erlaubt! Je nach Saison und Vorlieben können Sie auch gemischte Beeren, Zwetschgen und dünne Apfel- oder Birnenspalten einschichten.

Mango-Mousse

FÜR 4 Portionen • **ZUBEREITUNGSZEIT** 45 Minuten • **PLUS KÜHLZEIT**

1 5 Blatt weiße Gelatine in kaltem Wasser einweichen. **2–3 Bio-Limetten** waschen, trocknen und 2 Tl von der Schale fein abreiben. 6 El Limettensaft auspressen. **1 Dose Mangoscheiben** (425 ml EW; oder Aprikosenhälften) abgießen, dabei 4 El vom Sud auffangen. Mangoscheiben gut abtropfen lassen. **2** Mangoscheiben, **150 g Vollmilchjoghurt**, **2 El Puderzucker**, 4 El Limettensaft und die Limettenschale in eine Schüssel geben und mit dem Schneidstab fein pürieren. **3** Den Mangosud in einem kleinen Topf erhitzen, vom Herd ziehen und die ausgedrückte Gelatine darin schmelzen. Nach und nach ⅓ des Mangopürees einrühren, die Gelatinemischung anschließend zurück in die Schüssel geben und unter das restliche Püree rühren. **4 200 ml Schlagsahne** steif schlagen und vorsichtig unter das Mangopüree heben. In eine tiefe Form (ca. 20 x 15 cm) geben und abgedeckt mind. 4 Std., am besten über Nacht, kalt stellen. **5** Mithilfe eines Esslöffels aus der Mousse Nocken abstechen und auf 4 Dessertteller geben. **4 El Agavendicksaft** (oder Blütenhonig) mit 2 El Limettensaft verrühren und um die Mousse träufeln. Ca. **30 g Sesamkrokant** (oder Erdnusskrokantriegel, z. B. Mr. Tom-Tom) grob zerbröseln und über die Mousse streuen.

PRO PORTION 5 g E, 18 g F, 36 g KH = 338 kcal (1418 kJ)

Süßes Finale auf Bali: Sesamkrokant macht aus fruchtiger Joghurtsahne einen Kracher!

Ahornsirup mit Vanille und Grapefruit. Sensationell!

Pancakes mit Grapefruit

FÜR 4 Portionen • **ZUBEREITUNGSZEIT** 30 Minuten

1 **3 rosa Grapefruits** so schälen, dass die weiße Haut vollständig mitentfernt wird, die Fruchtfilets zwischen den Trennhäuten herausschneiden. Dabei den Saft über einer Schüssel auffangen. Trennhautreste kräftig ausdrücken. 200 ml Saft abmessen. 2 **180 g Mehl**, **50 g feine Haferflocken**, **2 Tl Weinsteinbackpulver**, **2 El Zucker** und 1 Prise Salz mischen. **50 g Butter** zerlassen, mit **250 ml Buttermilch** und **2 Eiern** (Kl. M) verrühren. Die Mehlmischung kurz unterrühren. 3 In einer beschichteten Pfanne **2 El Öl** erhitzen. Pro Pancake 2 El Teig in die Pfanne geben und bei mittlerer Hitze 4–5 Min. auf jeder Seite goldbraun backen. Auf diese Weise 12 Pancakes backen. Fertige Pancakes auf einem Teller im heißen Ofen bei 100 Grad (Umluft 80 Grad) im unteren Ofendrittel warm halten. 4 **8 El Ahornsirup** und den Grapefruitsaft aufkochen und offen 3 Min. bei starker Hitze einkochen lassen. **3 Tl Vanillepuddingpulver** und 2 El kaltes Wasser glatt rühren, in den kochenden Sirup rühren, erneut kurz aufkochen. Grapefruitfilets darin erhitzen. Pancakes mit den marinierten Filets servieren.

PRO PORTION 12 g E, 20 g F, 79 g KH = 566 kcal (2370 kJ)

APFELKÜCHLEIN
Goldene Glücklichmacher:
wenn Kinder mitessen, den Wein
einfach durch Milch ersetzen

Apfelküchlein

FÜR 2–4 Portionen
ZUBEREITUNGSZEIT 40 Minuten

1 **2 Eier** (Kl. M), **40 g Zucker** und **1 Prise Salz** in einer Schüssel mit den Quirlen des Handrührers 5 Min. cremig rühren. **100 ml Weißwein** unter Rühren zugießen. **130 g Mehl** unterheben. Teig 15 Min. ruhen lassen. **2** Inzwischen **1½ El Sesamsaat** in einer Pfanne ohne Fett rösten und mit **6 El Honig** mischen. **2 säuerliche Äpfel** (z. B. Elstar) schälen, das Kerngehäuse mit einem Apfelausstecher ausstechen und die Äpfel in ca. 1,5 cm dicke Scheiben schneiden. **3** **300 ml neutrales Öl** (z. B. Sonnenblumenöl) in einer hohen Pfanne erhitzen. Teig kurz durchrühren. Apfelringe nacheinander jeweils mit einer Gabel durch den Teig ziehen und vorsichtig ins heiße Öl geben. Bei mittlerer Hitze von jeder Seite goldbraun ausbacken. Auf Küchenpapier abtropfen lassen und evtl. auf einem Blech im heißen Ofen bei 100 Grad (Umluft 80 Grad) warm halten. **4** Die Apfelringe auf Desserttellern anrichten, mit dem Sesamhonig beträufeln und mit **1 El Puderzucker** bestäuben. Mit Vanilleeis servieren. **TIPP** Restlichen Teig als kleine Pfannkuchen ausbacken.

PRO PORTION (BEI 4, OHNE EIS)
6 g E, 23 g F, 64 g KH =
508 kcal (2127 kJ)

Gratinierte Rumtopf-Früchte

FÜR 4 Portionen • **ZUBEREITUNGSZEIT** 20 Minuten • **PLUS BACKZEIT** 50 Minuten

- **100 g Rumtopf-Früchte mit 5 El Rumtopf-Sud (Glas)**
- **600 g TK-Beerenmischung**
- **120 g brauner Zucker**
- **1 El Vanillepuddingpulver**
- **1 Pk. Vanillezucker**
- **75 g Butter**
- **150 g Mehl**
- **1 Tl Backpulver**
- **½ Tl Salz**
- **125 ml Buttermilch**
- **1 El Puderzucker**

Ein Klacks! Der Teig lässt sich am besten verteilen, wenn Sie ihn esslöffelweise auf die Beerenmischung klecksen.

1 Rumtopf-Früchte fein hacken, mit den TK-Beeren mischen. Rumtopf-Sud, 100 ml Wasser, 50 g braunen Zucker, Puddingpulver und Vanillezucker in einem Topf verrühren und unter Rühren gut aufkochen. Die Beerenmischung zugeben, dabei die Beeren unter Rühren auftauen lassen. In 2 Auflaufförmchen (à ca. 15 cm Ø) geben.

2 Butter bei milder Hitze zerlassen. Mehl, Backpulver, 70 g braunen Zucker und Salz in einer Schüssel mischen. Butter und Buttermilch zugeben und mit den Knethaken des Handrührers kurz unterkneten, bis die Zutaten gerade verbunden sind. Masse mit einem Löffel auf den Beeren verteilen. Im heißen Ofen bei 190 Grad (Umluft 170 Grad) in der Ofenmitte 45–50 Min. backen. Mit Puderzucker bestäubt servieren. Dazu passt Crème fraîche.

PRO PORTION 6 g E, 16 g F, 84 g KH = 609 kcal (2552 kJ)

Kinder zu Besuch? Ersetzen Sie die Rumtopf-Früchte einfach durch Kirschen aus dem Glas

SEELEN-WÄRMER

Joghurt-Sahne mit Orangen

FÜR 4 Portionen • **ZUBEREITUNGSZEIT** 30 Minuten • **PLUS KÜHLZEIT** 20 Minuten

1 **3 Orangen** so schälen, dass die weiße Haut vollständig entfernt wird. Die Fruchtfilets zwischen den Trennhäuten herausschneiden, aus den Resten den Saft ausdrücken. Von **1 Bio-Orange** 1 Tl Schale fein abreiben und den Saft auspressen. 150 ml Saft aufkochen. **2 El Vanillepuddingpulver** und **2 El Orangenlikör** (z. B. Grand Manier) glatt rühren, Orangenschale zugeben, Mischung zum kochenden Saft geben, erneut gut aufkochen. In einer Schüssel mit den Orangenfilets mischen und abkühlen lassen. 2 **60 g Orangenkekse** (z. B. Azora von Bahlsen) in Stücke brechen, mit **2 El Orangenlikör** beträufeln. 3 **200 ml Schlagsahne** mit **1 Pk. Vanillezucker** steif schlagen und **150 g Sahnejoghurt** kurz unterrühren. Orangenkompott, Kekse und Joghurt-Sahne in 4 Gläser (à ca. 300 ml Inhalt) schichten.

PRO PORTION 4 g E, 20 g F, 30 g KH = 343 kcal (1438 kJ)

Unsere leckere Schichtspeise aus Frucht, Sahne und Keks lässt sich super vorbereiten

Köstliche Endstation: Schoko-Nuss-Pudding mit saftigen Physalis

Schoko-Flan

FÜR 4 Portionen • **ZUBEREITUNGSZEIT** 20 Minuten • **GAR- UND KÜHLZEIT** 3 Stunden

1 **100 g Zartbitter-Haselnuss-Schokolade** und **50 g Zartbitterschokolade** hacken. **500 ml Milch** aufkochen und von der Herdplatte ziehen. Schokolade zugeben und unter Rühren darin schmelzen. 2 **2 Eier** (Kl. M), **2 Eigelb** (Kl. M) und **20 g Zucker** mit den Quirlen des Handrührers cremig schlagen. Heiße Schoko-Milch langsam einrühren. 4 ofenfeste Gläser oder Förmchen (à 200 ml) in eine Auflaufform stellen. Schoko-Milch in die Gläser füllen. So viel kochendes Wasser in die Auflaufform gießen, dass die Gläser zu 2/3 im Wasser stehen. Schoko-Flan im heißen Ofen bei 120 Grad im unteren Ofendrittel 1 Std. stocken lassen (Umluft nicht empfehlenswert). Schoko-Flan mind. 2 Std. kalt stellen. 3 **100 g Physalis** halbieren. Mit **1 El Zucker** und **2 Tl Zitronensaft** mischen und kurz ziehen lassen. Schoko-Flan mit Physalis servieren.

PRO PORTION 13 g E, 23 g F, 35 g KH = 407 kcal (1703 kJ)

Buttermilch-Panna-cotta

FÜR 4 Portionen • **ZUBEREITUNGSZEIT** 30 Minuten plus Kühlzeit

- **5 Blatt weiße Gelatine**
- **1 Vanilleschote**
- **200 ml Schlagsahne**
- **6 El Zucker**
- **250 ml Buttermilch**
- **2 Granatäpfel**
- **100 g Physalis (Kapstachelbeere)**

1 Gelatine in kaltem Wasser 5 Min. einweichen. Vanilleschote längs einschneiden und das Mark herauskratzen. Sahne mit Vanilleschote, -mark und 4 El Zucker aufkochen. Vom Herd ziehen. Gelatine gut ausdrücken und in die heiße Sahne rühren, bis sich die Gelatine vollständig aufgelöst hat. Buttermilch nach und nach einrühren.

2 Alles durch ein Sieb in einen weiten Messbecher gießen, dann in 4 Förmchen (à ca. 130 ml Inhalt) verteilen und mind. 3 Std. (am besten über Nacht) kalt stellen.

3 Granatäpfel halbieren. 3 der Hälften auf der Zitronenpresse auspressen. 150 ml Saft mit 2 El Zucker in einem Topf aufkochen und bei mittlerer bis milder Hitze ca. 10 Min. sirupartig einkochen lassen. Dann vollständig abkühlen lassen.

4 Kerne aus 1 Granatapfelhälfte herauslösen und in eine Schüssel geben. Physalis putzen und halbieren und zu den Granatapfelkernen geben. Granatapfelsirup untermischen.

5 Panna-cotta-Förmchen kurz in heißes Wasser tauchen, den Rand mit einem spitzen Messer lösen und die Panna cotta auf Dessertteller stürzen. Mit dem Fruchtsalat servieren.

PRO PORTION 6 g E, 16 g F, 45 g KH = 360 kcal (1512 kJ)

Kern-Trick: Granatapfelhälfte umgedreht über eine Schüssel halten und die Kerne **mit einem Kochlöffel** herausklopfen.

Buttermilch macht die „gekochte Sahne“ unfassbar frisch. Mit Granatapfel und Phyalis einfach vollkommen!

Kokos- und Reismilch heißt das cremige Geheimnis. Wir wollen nie wieder einen anderen!

Kokos-Milchreis mit Ananas

FÜR 4 Portionen • **ZUBEREITUNGSZEIT** 45 Minuten

1 Schale von **1 Bio-Zitrone** abschälen sowie 5 El Saft auspressen. **400 ml Kokosmilch**, **600 ml Reismilch**, Zitronenschale und **1 Prise Salz** aufkochen. **250 g Milchreis** zugeben, erneut kurz aufkochen, dann zugedeckt bei milder Hitze 35–40 Min. quellen lassen, dabei öfter umrühren. **2** **½ Ananas** (ca. 600 g) schälen, den harten Strunk entfernen. Hälfte längs vierteln und Viertel quer in 1 cm dicke Stücke schneiden. **1 Vanilleschote** längs einschneiden und das Mark herauskratzen, beides mit **200 ml Orangensaft**, **50 g Zucker** und 2 El Zitronensaft aufkochen. **2 Tl Speisestärke** in etwas kaltem Wasser glatt rühren, in den kochenden Saft rühren und erneut aufkochen. Ananas zugeben, aufkochen und bei milder Hitze 1 Min. köcheln lassen. Zitronenschale aus dem Milchreis entfernen, mit **40 g Zucker** und 2–3 El Zitronensaft abschmecken, mit Ananaskompott servieren.

PRO PORTION 6 g E, 19 g F, 106 g KH = 630 kcal (2650 kJ)

Rezept: Anne Haupt; Foto: Matthias Haupt; Styling: Dörthe Schenk; Requsiten – Löffel: www.laporcellanabianca.it

Der perfekte Auflauf zum Vorbacken und um Gäste dahinschmelzen zu sehen

Schoko-Auflauf mit Exotensalat

FÜR 4 Portionen • **ZUBEREITUNGSZEIT** 1 Stunde

1 **120 g Zartbitterschokolade** hacken. 2 El davon beiseitestellen. Restliche Schokolade zusammen mit **100 g Butter** über einem heißen Wasserbad schmelzen, lauwarm abkühlen lassen. **2** **50 g Mehl**, **1 El Kakaopulver** und **½ Tl Backpulver** mischen. **3 Eier** (Kl. M) trennen. Eine Auflaufform (ca. 22 x 12 cm) mit **1 El Butter** auspinseln. Ofen auf 180 Grad (Umluft 160 Grad) vorheizen. **3** Eiweiße und **1 Prise Salz** mit den Quirlen des Handrührers steif schlagen, nach und nach **40 g Zucker** unter Rühren einrieseln lassen und ½ Min. weiterschlagen. Eigelbe und **50 g Zucker** in einer zweiten Schüssel 5 Min. cremig schlagen, dann nacheinander die flüssige Schokolade, Mehlmischung und Eischnee mit einem Spatel unterheben. Masse in die Auflaufform füllen, mit übriger Schokolade bestreuen und im heißen Ofen auf einem Rost im unteren Ofendrittel 25–30 Min. backen. **4** **½ Papaya** (250 g) mit einem Löffel entkernen, schälen, längs halbieren. **1 reife Mango** schälen, Fruchtfleisch vom Stein schneiden. Papaya und Mango in ½ cm dicke Scheiben schneiden, auf einer Platte mit **2 Tl abgeriebener Bio-Limettenschale**, **2 El Limettensaft** und **1–2 Tl Honig** beträufeln. Zum lauwarmen Schoko-Auflauf servieren.

PRO PORTION 10 g E, 37 g F, 60 g KH = 629 kcal (2634 kJ)

REZEPTVERZEICHNIS

Hier finden Sie alle Rezepte aus diesem Buch.

Z